알코올중독에서
월매출 1억 CEO

이 책은 힘든 시기를 겪고 있는 사람들에게 희망의 메시지를 전합니다. 우리가 어떤 상황에서도 포기하지 않고 끝까지 도전할 수 있는, 용기를 주는 안내서입니다. 이 책을 통해 당신도 삶의 한계를 넘어서 새로운 가능성을 찾아가는 여정을 시작해보세요. **디지털융합교육원 원장 최재용**

이 책에는 상처로 가득했던 한 사람이 죽을 각오로 변화한 생생한 이야기가 담겨 있습니다. 맨땅에서 상처투성이로 시작해 내가 진정 원하는 모습으로 살아가는 방법이 궁금한 분들은 이 책을 통해 문제의 힌트를 얻어보세요.

'돈의 신에게 배우는 머니 시크릿' 작가 김새해

호텔에서 보았던 20대의 박물아는 같은 또래의 어느 직원보다 열심히 노력하고 하나라도 더 배우려는 열정이 있었다. 그녀는 자신보다 더 큰 생선도 거침없이 손질했으며 창의성도 있어서 소고기로 시그니처 초밥을 만들어내 고객에게 큰 인기를 얻었다. 그동안 여러 어려움과 좌절이 있었지만, 그 모든 것을 멋지게 극복하여 건강하고 행복한, 성공한 CEO가 된 이야기는 모든 독자에게 깊은 감동을 주고 외식사업에 성공할 수 있는 많은 노하우와 경험을 알려 줄 것이다.

더시에나 CC 대표 배한철

알코올 중독자,
3년 만에 인생이 변했다

암 진단 16년 차, 외식사업 13년 차, 요식업 경력 27년, 나의 경력은 내가 살아낸 흔적들이다.

나는 엄마가 술 마시는 것이 너무도 싫었는데, 어느 날 보니 나도 엄마처럼 살고 있었다. 중학교 때부터 술을 마시기 시작했고 20살이 지나면서 일 년에 364일 술을 먹었다. 술이 너무도 싫었는데, 증오심이 나를 애주가로 변화시켰다.

집안의 환경이 얼마나 중요한지 나도 엄마가 되면서 알게 되었다. 첫 아이를 낳고, 둘째를 낳을 때까지 여전히 알코올 중독자로 살았다. 신랑과 술로 인해 큰 불화가 생기면서 나에게 인생의 큰 전환점이 찾아 왔다.

술을 먹어야 살 수 있다고 말하면서 마셨는데 결국 술 때문에 죽을 수도 있었다. 세 번의 암을 진단받은 후에 술과는 완전히 이별하고 지금은 책과 함께 생활한다. 매일 밤 소주병을 들고 있었는데 지금은 매일 밤 책을 들고 있다. 밤을 새우면서 술을 마셨는데 지금은 밤을 새우면서 책을 읽는다. 명상하면서 나의 잘못을 뒤돌아보고, 운동을 하면서 마음 근육도 더 단단해진다.

이제 술을 대신해서 살기 위한 다른 것들을 찾기 시작했다. 책 한 권에 가슴이 뛰고, 사람을 만나 같이 달리고 싶어졌다. 남들처럼 나도 살고 싶다고 악쓰면서 달리기 시작했을 때, 나는 누구보다 뜨겁게 활활 타오르기 시작했다.

세 번의 암에 걸리자, 하루하루 살아 있는 것만으로도 기적처럼 느껴졌다. 바다를 보면 뛰어들고 싶은 게 사람 마음인데, 현실은 순간 옷이 젖을까 봐 고민하다 바다만 보고 온다. 그런데 나는 봐서 가슴이 두근거리면 바로 행동으로 옮긴다. 나에게는 두 번의 기회가 없기 때문이다.

'물아'라는 이름도 '두 번째가 절대 되지 마라'라는 뜻이다. 인생은 두 번이 없다. 오늘밖에 없다는 마음으로 나는 요식업에 "풍덩" 하고 빠져들었고 월 1억 매출을 만드는 사업가가 되었다.

인생은 한 번뿐이라는 것을 알게 되었기에 오늘도 그 누구보다 뜨겁게 살고 싶어진다. 더 이상 무를 수 없는 일이기에 나는 직진이다. 두 번째가 되지 말라는 이름처럼 나는 두 번째가 아닌 첫 번째가 되기 위해 열심히 살게 되었다. 마음과 열정을 다했을 때 가게는 점점 늘어 가고 오프라인 매장을 7개까지 만들게 되었다. 코로나 와중에 3개의 가게를 열고 온라인 밀키트 사업까지 만들게 되었다. 지금은 월매출 1억을 올리는 여성 CEO가 되었다. 믿을 수 없을 정도로 나는 오뚜기처럼 계속 일어났다.

지금도 술에서 벗어나지 못하고, 부정적인 생각에 날마다 허비하는 모든 분께 당부드리고 싶다. 생각을 바꿔라. 내 인생의 주인공은 바로 자신이다.

나는 내 인생의 선장이고, 내 운명의 지배자다. 43살까지 술독에 빠져 살던 내가 3년 만에 인생이 변했다. 너무도 평범한 48세 찌질이 여자도 했으니 여러분들도 반드시 할 수 있다. 상상하면 반드시 현실이 된다.

지금부터 나의 얘기를 시작해보겠다.

2023년 여름

박물아

알코올중독과 암을 극복하고
아내, 엄마 그리고
최고 경영자가 된 이야기

박물아 지음

알코올 중독에서 …
월매출 1억 CEO

목차

3장 | 두 번 살 수 있다 _ 노력

4장 | 월매출 1억의 신화 _ 파스타 가게

목차

5장 | 다시 해보는 외식사업

6장 | 장사를 쉽게 하는 노하우

1장

술로 해결될 줄 알았다

술

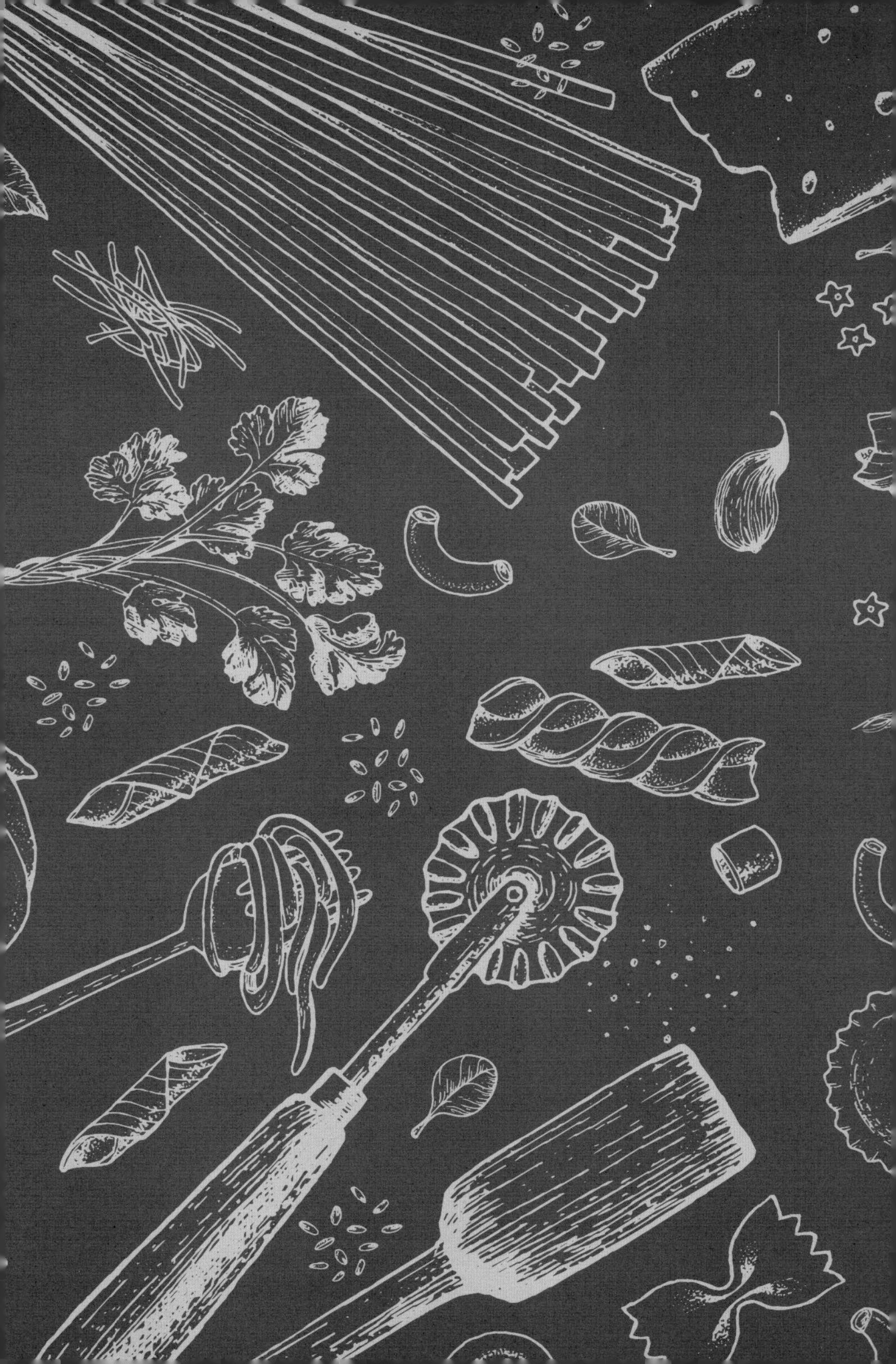

1 살려고 배운 것들

엄마는 시장에서 장사하며 악착같이 우리를 키웠다. 삼겹살집, 다방, 보리밥집 등 안 해본 일이 없다. 아빠가 일찍 돌아가시고 우리 4남매와 할머니 두 분까지 모셔야 했기에 닥치는 대로 일했다. 그중에 보리밥집은 약 25년 정도 했는데, 새벽 3시가 되면 엄마는 어두운 새벽을 뚫고 홀로 시장에 나갔다.

한 달에 한 번 가끔 쉴 정도로 악착같이 일해도 살림은 나아지지 않았다. 삶이 고단해서 그랬을까? 아빠가 돌아가신 후 40세가 훌쩍 지난 나이에 술과 담배를 시작했다. 동네 어른들이 이거라도 있어야 애들을 버리지 않을 거라고 알려주었다고 한다. 어찌 보면 불쌍한 나의 엄마는 평생 일만 했고, 친구를 만나서 놀러 다닌 적도 없었기에, 죽어라 술만 마셨다. 눈물겨운 현실 때문인지 술에 취하면 매번 밤새 울었다.

보리밥집이 오후 3시쯤 일이 끝나면 엄마는 소주를 안주 없이 병째 마셨다. 매일 술에 취했고 3시가 넘으면 어김없이 집으로 전화가 왔다.

"여보세요?"

"물아야, 너희 엄마 바짝 취했다. 얼른 모시러 오니라."

"네."

그때 나는 초등학생이었다. 동생과 함께 술에 취한 엄마를 부추기고 집으로 가야 하는데 내가 다니던 초등학교를 지날 때가 가장 힘들었다. 혹시라도 친구들이 볼까 봐.

얌전히 집에 가는 것이 아니라 엄마는 술에 취해서 고래고래 소리를 지르고 욕을 하면서 울었다. 주위에 지나가는 사람들이 쳐다볼 때면 나는 고개를 푹 숙이고 그냥 힘없이 바닥만 바라보고 집으로 돌아왔다.

하루는 엄마가 술에 너무 취하셨는데 또 술을 가지고 오라고 소리를 질렀다. 난 엄마가 술에 취했으니 모르겠지 하고 소주에 물을 타서 드렸는데 고래고래 소리를 지르면서 "네가 나를 죽이려고 작정했구나"라고 하셨다.

난 너무 놀라서 아니라고 엄마가 너무 취해서 그랬다고 하니 "소주에 물을 타면 죽는다"라고 하셨다. 나는 어린 나이에 너무 놀라서 울면서 죄송하다고 빌었다.

혹시나 엄마가 죽을까 봐 너무 걱정되었다. 엄마마저 우리 곁을 떠날까 봐 무서웠다. 그래서 나는 결국 물에 탄 소주를 버리고 글라스 잔에 독한 소주를 가득 따랐다. 그래야만 엄마가 내 옆에 살아있을 것 같았다.

어린 손으로 글라스 잔에 가득 부은 소주를 엄마는 한 번에 "쭉" 하고 마셨다. 그러니 매일 취할 수밖에 없었다.

지금 생각해보면 같은 여자로서 엄마가 정말 힘들었을 거라고 여겨진다. 엄마는 가엾은 여자다. 지금 내 나이보다 젊은 나이에 홀로 네 남매와 할머니 두 분까지 모셔야 하니 술로 버티겠다고 생각했을지도 모른다.

그리고 소주에 물을 타면 죽지 않는다는 것을 내가 어른이 되어서야 알게 되었다. 호텔에서 초밥 다찌에서 근무할 때 일본 분이 소주가 독하니 물을 타서 달라고 했다. 그때 문득 물을 타면 죽는다고 한 엄마 생각이 나서 혼자 헛웃음이 났다.

2 두 번째는 되지 말자

"안녕하세요? 박물아입니다"라고 인사를 하면 사람들이 가명이냐고 자주 물어본다. 그러면 한자를 풀어서 설명해준다. "아닐 勿(물)에 버금 亞(아), 절대 두 번째가 되지 마라"라는 뜻이라며 중학교 한문 시간에 선생님이 뜻풀이해준 것을 기억하며 이야기한다.

부모가 아닌 다른 사람에게 내 이름의 풀이를 들어야 했던 것은 나의 이름을 아빠가 지어주셨다는데 아들을 기다리는 마음으로 지었다고 했다. 차마 그 말을 할 수가 없어서 나름대로 멋지게 만든 것이다.

그런데 왜 하필 두 번째는 되지 말라고 한 것일까? 나의 위로 딸이 둘이 있었는데 나까지 태어나니 두 번 다시는 딸을 낳지 말라는 뜻이었다. 나까지 딸이라서 반갑지 않았던 것이다. 이름부터 미움을 받았던 나의 이야기는 술 없이는 못 들을 정도이다. 딸이라는 이유로 아버지는 20일도 되지 않은 갓난아기를 죽으라고 밟았다고 했다. 그런데도 내가 살아있음에 감사할 일이다.

아버지가 지어준 이름 덕분인지 다행히도 2년 뒤에 남동생이 태어났고, 엄마는 처음으로 미역국을 얻어먹었단다. 나를 포함해서 4남매를 낳았는데 미역국을 먹은 것은 처음이었다. 아들을 낳고 미역국을 먹으면서 잠시 몸조리하고 행복한 날이 올 줄 알았다. 그런데 하늘은 행복을 오래 주지 않았다.

어느 날 내가 살던 시골에서 방파제 공사가 있었는데 이장이었던 아빠는 방파제 현장에서 전기 감전으로 사고를 당했다. 그때 당시 언니의 기억에는 아빠는 손수레에 실려 있었고, 동네 어른들이 아빠 발에 면도칼을 그었지만, 피가 한 방울도 나오지 않았다며 그렇게 아빠는 갑작스럽게 우리를 떠났다.

그때 엄마 나이는 38세이고, 동생 나이는 두 살, 나는 네 살, 언니들은 중학생, 초등학생이었다. 그렇게 엄마는 홀로 4남매를 키우게 되었다. 아빠의 죽음으로 보상금이 4,000만 원이 나왔다는데 모두 친할아버지가 가져갔고, 엄마 홀로 네 남매를 키우는 건 입에서 단내가 나도록 힘든 일이었다.

그래서 우리 남매들은 친척들 집에서 하나둘 뿔뿔이 흩어져 살았다. 나는 4살 나이에 서울 큰아버지 집에 보내졌는데 계속 울고 똥을 많이 싼다고 엄마한테 다시 보내지기도 했다. 나뿐만 아니라 사춘기인 큰언니도 다른 집에 보내졌는데 다시 데려가라고 엄마한테로 보내졌다. 그렇게 엄마는 어쩔 수 없이 다시 홀로 네 남매를 키우며 단내나는 입을 술로 헹구고 있었다.

3 술을 마셔서 없애버리겠다

나아지지 않는 살림에 언니들은 중학교를 졸업하고 바로 돈을 번다고 서울로 올라갔다. 집에는 할머니들과 나와 남동생이 남아있었다. 엄마는 삼겹살집으로 일하러 간다고 했다. 일하는 식당에 작은방이 있어서 잠을 자며 일을 하고, 우리에게는 술에 취해 번 돈을 주는 것이었다.

술내 나는 돈보다 엄마의 젖비린내를 더 그리워하던 우리는 한 달 한 번씩 엄마를 보러 갔다. 엄마를 만나러 가는 날, 할머니는 예쁘게 머리를 묶어주셨고 엄마를 보러 간다는 마음에 설렜던 것이 기억난다. 그리고 반갑게 만나서 엄마가 자는 삼겹살집에서 하룻밤을 잘 때도 여전히 술에 취해있었다.

늘 술에 취해있는 엄마를 볼 때마다 세상에 술들이 다 없어지면 좋겠다는 생각을 했다. 그러다 보니 자연스럽게 난 술을 너무 증오한다는 이유로 세상의 모든 술을 내가 마셔서 없애 버리겠다는 생각을 했다.

중학교 2학년 때 짝꿍이 집으로 놀러 가자고 했는데 맥주를 마셔보라고 했다. 늘 소주만 보고 자란 나는 맥주가 신기해 보여서 친구의 권유로 태어나서 처음으로 맥주를 마셨다. 나는 그때 내가 다 큰 줄 알았다.

나는 중학교 2학년 때 맥주로 시작해서 중학교 3학년 때는 소주를 마셨다. 친구들과 공부한다고 친구 집에 모이면 소주를 한 병 사서 나눠서 마셨다. 이제 어른이 되기 위해 준비하는 과정처럼 모두가 흥분되었다. 고등학생이 되면서 친구 집에 있는 양주에 도전했다. 처음 마셔본 양주는 지금도 기억이 생생하다. 머리부터 손끝 발끝까지 뭔가 찌릿한 것이 피를 타고 전해지면서 입으로는 불꽃이 올라오면서 입에서 "카~" 하는 소리가 저절로 났다. 용이 되어 입에서 불꽃이 나오는 듯했다.

고등학교 2학년 때는 반장이 되었다. 수학여행을 갈 때 양주 작은 것을 샀다. 내가 어릴 때는 술을 사는 데 아무런 제약이 없었기 때문이다. 술집에 들어가도 주민등록증 검사를 하지 않았던 시절이 있었다.

대전 엑스포에 수학여행을 갔는데 반 친구들을 모두 모아 양주를 먹였다. 아이들 모두 흥분한 상태였다. 한 친구가 속이 안 좋아 보였다. 놀래서 친구를 데리고 화장실에 가려고 하는 순간 방에 토를 했다. 난 뒤에서 붙잡고 있었고 반 친구들은 취해서 소리 지르고 난리가 났다. 선생님이 아시고 달려와서 엄청나게 혼난 기억이 있다.

학창 시절에 술을 마셨으니 지금 생각해도 참 기가 막힌다. 술이 싫다면서 그렇게 살게 된 내 모습! 어떻게 해야 할까? 나와 비슷하게 지금은 남동생도 알코올중독이 되어 있다. 어릴 때 매일 보고 자란 지긋지긋한 술을, 우리 남매는 엄마처럼 똑같이 행동하고 있었다.

그게 10대라는 게 문제였다. 나는 10대부터 술을 시작했다. 그런데 고3 마지막 시험 때 갑자기 공부를 하고 싶어졌다. 처음으로 제대로 된 공부란 걸 하게 되었는데 생각보다 나는 머리가 좋았다. 시험성적이 예상보다 좋게 나와서 나도 놀랐다.

'나도 하면 되는구나'라는 것을 알게 되었다. 고등학교를 졸업하고 경주에 있는 호텔학교에 들어가면서 수험생처럼 공부를 했다. 신기하게도 공부를 조금만 해도 성적이 잘 나왔다. 시험을 잘 보니 성적이 좋아서 내가 원하는 호텔에 실습을 나갈 기회도 잡을 수 있게 되었다. 여름에는 명동 롯데호텔로, 겨울방학 때는 삼성동 인터컨티넨탈 호텔로 실습을 나갔다.

평생 시골에서만 살았던 내가 서울 생활을 시작했는데, 서울은 현기증이 날 정도로 어지러웠다. 지하철을 타고 다닐 때는 몰랐는데 지상으로 올라가면 현기증이 나서 빙글빙글 돌았다.

그래도 다시 돌아갈 수 없었다. 처음 서울로 올라간다고 엄마한테 말을 했을 때 엄마는 “네가 알아서 해라”라는 말을 해서, 내 인생은 내가 책임을 져야 한다는 것을 알았다. 이제 내가 알아서 해야 할 나이, 갓 스무 살에 알게 되었다.

4 창문이 작다고 꿈도 작은 것은 아니다

둘째 언니가 서울에 있으니 엄마는 나도 가서 둘이 함께 살라고 했다. 언니가 구해놓은 집으로 엄마, 나, 동생과 함께 버스를 타고 갔다. 서울은 아파트도 크고 휘황찬란했다. 지하철을 타고 한강을 보며 한참 만에 도착한 집은 내가 생각한 서울집과는 달랐다. 푸른 철 대문을 열고 들어가면 가운데 마당이 있고 조그마한 방들이 몇 개가 있는데, 마당 한가운데 화장실이 있었다.

큰방은 주인 방이었고 작은 방들은 세간살이 집이었다. 어이없게도 방에 불이 들어오질 않았는데 주인분은 밖에 있는 긴 등을 방 안으로 넣어주면서 "됐죠"라고 했다. 겨울이었는데 방 안에는 아무것도 없었고 부엌에는 쪼그리고 앉아서 세수 정도 할 수 있는 찬물이 나왔다. 엄마는 시장에 가서 일단 수저, 포크, 밥그릇을 사주셨다.

언니랑 단둘이 사는 단칸방에는 라디오 한 개와 천으로 된 옷걸이 1개뿐이었다. 언니랑 밤에 누워서 얘기하다 보면 입김이 날 정도로 추워서 코가 너무 시렸다.

나는 겨울방학 때 실습을 나갔는데 삼성동 인터컨티넨탈 호텔에서 운이 좋게 계약직이 되었다. 출근 시간이 7시까지라 집에서 새벽 5시에 나왔다. 출근하는 데 1시간이 걸렸다. 출근 시간이 너무 오래 걸려서 언니에게 나의 회사 근처로 이사를 하자고 했다. 그래서 그때(1996년) 신천동이라는 곳에 방을 구했는데 지하 단칸방이었다. 나는 지하에 집이 있다는 것을 처음 알았다. 포항에서는 상상도 할 수 없는 집이었다.

어릴 적 포항에서 14평 아파트에 살았는데 방이 두 개였다. 연탄불이 가장 먼저 들어오는 따뜻한 곳에는 메주가 항상 자리를 차지하고, 큰언니는 돈을 벌어서 할머니에게 용돈을 주었기에 두 번째로 언니가 자고, 세 번째는 남동생이 잤다.

그 옆에는 엄마, 할머니가 누웠고, 더 이상 자리가 없었다. 난 발밑에 누워야 했다. 여자 막내라서 완전 찬밥 신세였다. 자고 있으면 발로 나를 계속 눌러서 악몽을 자주 꿨다. 작은 방에는 이모, 이모부, 사촌 동생 2명이 살았다. 14평 작은 집에 왜 이리 많이 살았는지 지금 생각해도 참 대단했다. 서울은 대단한 곳인지 알았는데, 포항보다 살기 좋은 곳은 아니었다.

서울 지하 방은 보증금 600만 원에 월세가 20만 원이었다. 그때 당시 내 월급은 한 달에 30만 원이었는데, 언니랑 각각 10만 원을 내면서 회사 생활을 했다.

5

계단을 올라가야 하는 화장실

지금 삶보다 더 멋진 삶을 살겠다고 외치고 싶었다. 영화 '기생충'에 나오는 지하, 그것이 나의 진짜 삶이었다. 지하 방 생활은 참 불편하고 비참했다. 방 안에 있으면 사람들이 걸어가는 다리만 보이고 밑에서 위를 보는 것처럼 세상이 보인다. 그런데 화장실은 특이하게도 1층에 있었다. 지금 생각해보면 '수압 때문에 그런 게 아닌가'라는 생각이 든다. 영화 기생충에서도 화장실은 높게 있었는데 실제로 지하 방은 화장실이 높게 만들어졌다.

그리고 화장실 옆에 담이 있었는데 담과 화장실 사이에는 좁은 통로에 고양이나 개가 들어갈 정도의 좁은 공간이 있었다. 어느 날 화장실에서 볼일을 보는데 창문에서 이상한 소리가 났다. 창문을 보려면 쪼그리고 앉아서 봐야 하기에 사람일 거라고 생각을 못 했다. 그런데 계속 이상한 소리가 나서 쪼그리고 앉아서 창문을 보는 순간, 사람의 눈과 마주치게 된 것이다. 낯선 사람이 나를 보고 있는 눈빛이 너무도 무서워서 심장이 뛰었다.

지하 화장실이 좁아서 환기를 시킬 겸 문을 잘 열어두었고, 너무도 좁고 작은 창문이니 밖에서는 볼 수가 없다고 생각했는데 그동안 누군가가 쪼그리고 앉아서 훔쳐보고 있었다. 그때 언니가 갑자기 작은 부엌의 등을 껐다. 부엌 창문은 너무도 높아서 손이 닿기 힘든 곳인데 밖에서는 창문을 쉽게 열 수가 있게 되었다.

그런데 갑자기 밖에서 누군가가 창문을 연 것이다. 언니는 너무도 놀라서 등을 다 끄고 나는 화장실에 서서 나오지도 못했다. 그렇게 시작한 그 남자는 매번 우리 집 주위를 돌아다녔다. 어느 날 언니가 늦게 와서 혼자 씻고 자고 있었다. 난 눈이 나빠서 렌즈를 빼면 앞이 거의 보이질 않는데 눈앞에 무언가 불빛이 아른거렸다. 눈을 뜨니 창문 밖에 어떤 남자가 문을 조금씩 열고 있었다.

라이터로 방충망을 3곳을 태우고 문을 조금씩 열면서, 방범

창 사이로 손을 집어넣고 라이터로 나를 보면서 웃고 있었다. 난 잘 보이지 않았지만 웃고 있는 그 남자를 보면서 그냥 울고 있었다. 너무도 무서워서 내가 할 수 있는 건 그냥 누워서 우는 것 외엔 할 수 있는 게 없었다. 그 후로 매일 밤 그 남자가 꿈에 나타났다. 창문에 다리만 보이던 남자가 갑자기 앉더니 웃으면서 라이터로 날 쳐다보고 있는 모습이 매번 꿈에 나타났다.

지하 방은 꼭 벗어나고 싶었다. 그런데 두 번째 살았던 그곳도 지하 방이었다, 화장실에 딱 들어가면 변기에만 계단이 있었다, 볼일을 보려면 계단 3칸을 올라가야 한다. 사극에서 등장하는 왕좌에 올라가는 계단처럼 조선의 국모가 생각났다. 그래서 나는 술에 취하면 화장실을 갈 때마다 "내가 조선의 국모다"라고 외치며 볼일을 봤다. 이렇게 외쳤던 것은 현실을 잊고 싶은 마음도 잊었지만, 오늘보다 멋진 내일을 살겠다는 외침이었을 것이다.

외침으로 버틴 나는 직원이 되고 딱 1년이 되던 날, 현금 600만 원을 만 원짜리로 찾아서 예쁜 상자 안에 넣었다. 돈 상자를 포장해서 엄마 생신 때 선물로 드렸다. 서울에 올 때 엄마가 방 보증금으로 준 600만 원을 다시 돌려 드린 것이었다. 엄마에게 돈 상자를 내밀자 엄마는 "이게 뭐냐?"라고 하셨다.

그때 삼촌과 친척들이 집에 있었다. 엄마는 상자를 열어보시고 우셨다. 삼촌들이 "우리 물아, 장하다"라고 칭찬을 해주었다. 처음 칭찬을 받아본 것 같았다.

그다음부터 나는 집안의 가장처럼 묵묵히 열심히 살아왔다. 엄마의 도움이 아니라 장한 딸이 되려고 결혼식 때도, 병원 살이 할 때도, 가게를 7개까지 만들 때도 이를 꽉 깨물고 혼자 버텼다.

6

사랑하면 다 되는 줄 알았다

좋은 직장을 그만두고 파스타 가게를 시작한 것은 호텔보다 더 사랑하는 남편을 만났기 때문이다. 남편이 포항에서 파스타 가게를 해보고 싶다고 해서 직장을 그만두고 포항에서 파스타 가게를 열었다.

파스타 가게로 한창 익숙해질 때 전 직장 호텔의 차장님이 전화를 했다. 포항에 내려왔다고, 얼굴을 보자고 하셨다. 이상하게 그날은 나가기가 싫었는데 하지만 워낙 친한 분이라서 만나러 나갔다. 그날은 운수 좋은 날처럼 나의 인생에서 아주 완벽히 잊지 못할 날이 되었다.

술을 워낙 좋아하는 나는 술 상무라도 되는 듯이 열심히 마셨고 1차 횟집에서 나와서 내가 운영하는 파스타 가게로 갔다.

가게는 바빴고 정신이 없었는데 난 술에 얼큰히 취한 상태에서 술을 마시고 계속 마셨다. 신랑은 술을 전혀 마시질 못하는데 일이 끝나서 힘들어하는 신랑에게 술을 마구 먹였다. 신랑은 차장님 앞이라서 화도 못 내고 열심히 비위를 맞춰주었다.

차장님이 가신 후 난 술이 너무 취해서 가방이 어디 있는지 기억이 나질 않았다. 신랑은 참았던 화를 냈고 난 술에 취해 화를 냈고 그렇게 두 사람의 전쟁 같은 싸움이 시작되었다. 서로를 때리고 맞고 때리고…

아침에 눈을 뜨니 머리가 깨질 듯이 아팠다. 밤에 무슨 일이 있었는지 기억이 나질 않았다. 얼굴을 보니 눈이 퉁퉁 부어 있었다. 갑자기 어젯밤 일들이 생각나기 시작했다. 난 너무도 흥분해서 CCTV를 확인했다. 내가 한 행동들은 보지도 않고, 생각도 하지 않고, 신랑이 한 행동들만 동영상을 찍었다. 가지 말아야 선까지 넘고야 말았다.

어머님, 아버님께 보여 드리면서 폭행당했다고 말씀을 드리고 우리 가족들에게 동영상을 보여 주면서 내가 폭행당했으니 나를 도와 달라고 했다. 식구들은 아무래도 가족이다 보니 그냥 이유 없이 동생이 맞은 줄 알고 있었다. 언니와 남동생에게 우리 집에 와서 신랑을 때려 달라고 했다. 나의 부탁으로 언니와 동생이 우리 집으로 와서 신랑을 마구 때렸다. 어머님 보시는 곳에서, 나의 실수 때문에... 온 집이 풍비박산되었다. 이날을 떠올리며 글을 쓰고 있는데도 손이 떨린다. 술 때문에... 나의 이기적인 행동에 치가 떨린다.

그렇게 우린 1년 동안 말을 하지 않았다. 같은 집에서 살고, 같은 가게에서 일하는데도 말을 하지 않았다. 숨이 막히고 하루하루가 지옥 같고 1년이 10년처럼 느껴졌다.

작은언니가 나에게 말을 했다. 사실 지난 얘기지만 둘이 싸운 건 다 네가 술을 너무 많이 마셔서 일어난 일이라고, 나를 보면 엄마가 생각이 난다고 했다,

"너마저 엄마처럼 될까 봐 두렵다..."

엄마는 술 때문인지 치매에 걸려 요양원에 계신다.

7 술 대신 콜라를 찾았다

엄마를 닮고 싶지 않지만 나는 같은 길을 가고 있었다. 그런데도 정신을 못 차리고 술을 몰래 마셨다. 집에서 마시기가 눈치가 보여서 주차장에 차를 주차한 뒤, 차에서 술을 마셨다. 처음에는 너무 행복했다. 라디오에서 노래가 흘러나오고 술에 점점 취해가고, 그게 좋았다.

"그렇다. 난 완전히 알코올 중독자다."

엄마를 그렇게 원망하더니 엄마처럼 되고 있었다.

어느 날은 차에서 술을 마시는데 지나가는 사람이 힐끔 쳐다보았다. 그 순간 내가 너무 찌질해 보였다. '내가 지금 뭐 하는 거지?'라는 생각이 들었다. 처음으로 생각이란 걸 해 봤다. 그동안은 사는 대로 살다 보니 생각이란 게 없었는데 술을 먹는 이유를 찾아보기 시작했다.

내가 과연 원하는 게 뭘까? 맥주의 시원한 맛이 좋아서 그런가? 그렇다면 톡 쏘는 탄산을 원하나? 그날 이후로 난 술 대신 콜라를 사서 집으로 갔다. 밥을 먹으면서 콜라를 마시니 꼭 술을 마시는 플라시보 효과가 느껴졌다. 그렇게 콜라를 매일 마시면서 서서히 술을 줄여갔다.

어느 날 콜라를 너무 많이 마셔서 건강이 나빠질 것 같다는 생각이 들었다. 암이 3번이나 걸려도 술을 마시면서 건강 걱정을 하지 않았는데 콜라는 왠지 걱정이 되었다(좀 웃기긴 하지만). 그래서 우유로 갈아탔다. 술 생각이 나지 않았다. 신기했다. 나도 모르게 서서히 술을 멀리했다.

그러다 보니 할 일이 없어졌다. 매일 일이 끝나면 밤새 술을 마셨는데, 술을 마시지 않으니 할 일이 없었다. 시간은 많이 남았고 뭘 해야 할지 고민이 되었다.

여전히 신랑과는 말을 하지 않았고 어머님, 아버님과 함께 대가족이 살았는데 집은 항상 냉랭했다. 사랑하는 사람들에게 냉랭한 시간이 너무 많이 흘렀다는 걸 44년 만에 처음 느껴 보았다. 그때 내 눈에 갑자기 책이 보였다. 가슴이 뜨거워졌고 눈물이 그렁그렁 맺혔다. 그렇게 나의 인생에서 기적 같은 전환점이 찾아왔다.

2장

제가 뭘 잘못했나요? 암

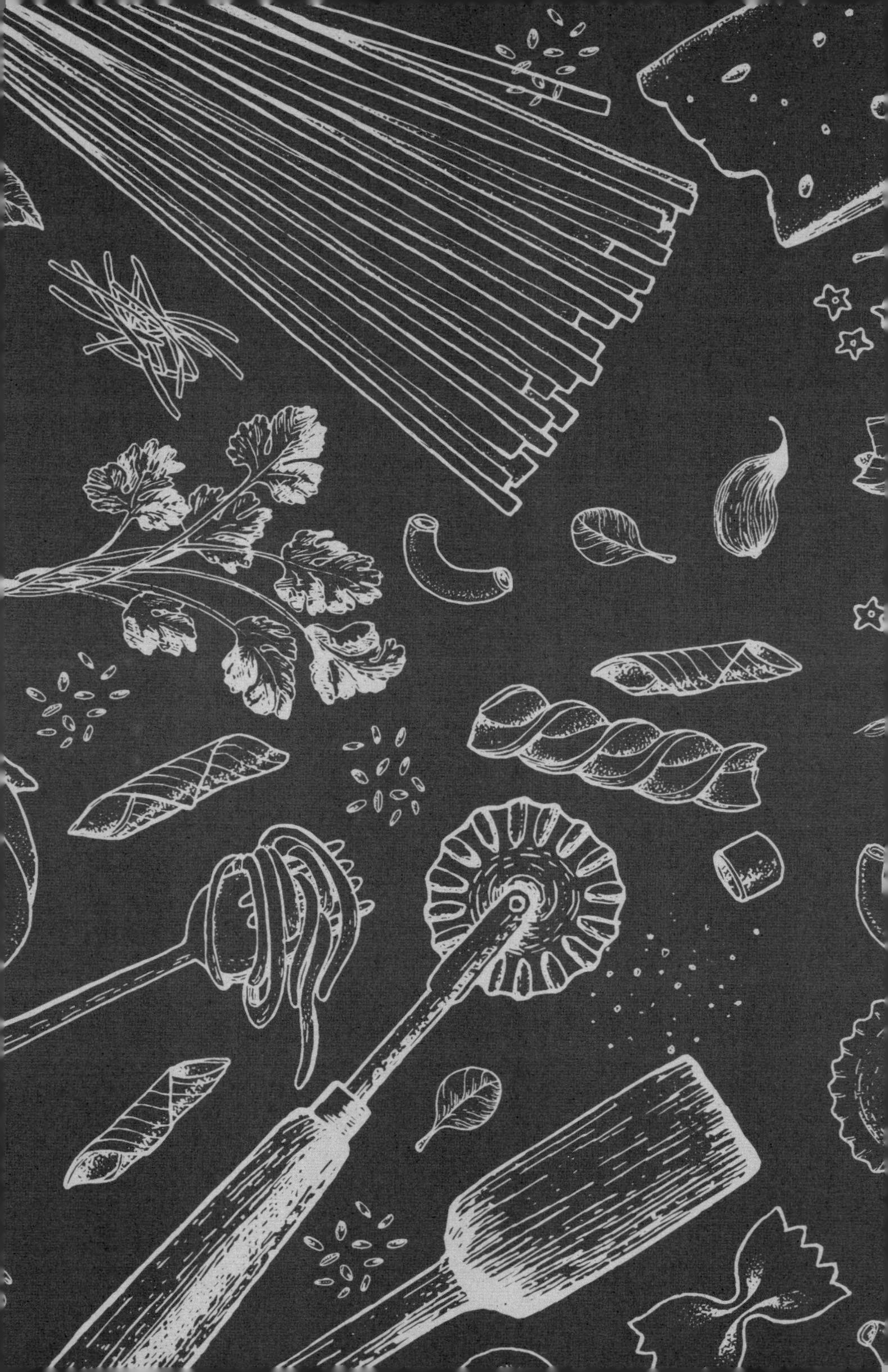

1 어디로 갈까요

다행히 호텔에서 일을 잘한다고 다들 좋아했다. 회사에 처음 입사했을 때 선배님들은 여자가 처음으로 주방에 들어왔다며 좋아하고 이뻐해 주셨다. 사투리를 쓰는 것도 귀여워하며 선배님들이 환영식을 해주었는데 워낙 술을 좋아했기에 나도 신났다.

동기 5명, 선배님들과 함께 1차, 2차를 달렸다. 그렇게 3차에 가서야, "이제 환영식이다"라고 외치며 선배님들은 소주 7잔을 쌓았다. 이미 2차까지 달려온 우리 동기들은 모두 취해 있었다. "누가 먼저 마실래?"라고 하셨다. 나는 "제가 먼저 마시겠습니다"라고 하면서 두 손을 이용해서 쉬지 않고 모두 마셨다. 선배님들과 동기들은 다 난리가 났다.

회식 자리 이후로 최고의 후배가 들어왔다며 호텔에 소문이 쫙 퍼졌다. 그렇게 내가 좋아하는 술을 매일 얻어 마실 수 있게 되었다. 그렇게 배운 대로 내가 선배가 되어서 후배들을 매일 밤 술을 사주고 집에 보내질 않았다. 서울은 택시비가 많이 나오니 애들을 꾀어서 집에 가지 못하게 했다.

밤을 새우면서 술을 마신 후 호텔 앞에 있는 벤치에 앉아 잠시 잠을 잤다. 그렇게 눈을 잠깐 붙인 후 출근했다. 회사에 들어가면 누가 그랬냐는 듯이 열심히 일했다. 그렇게 세상에서 가장 사랑하는 술과 회사 생활을 열심히 해냈다.

어느 해 여름휴가 때 나는 친구들과 술을 마시고 나이트에 갔었다. 한참 테크노가 유명할 때였다. 밤을 새우면서 놀고 나오는데 밖이 너무 밝았다. 출근하는 사람들과 눈이 마주쳤는데 좀 민망했다. 그렇게 술과 춤으로 휴가를 마친 후 회사에 복귀했다. 그런데 일을 하면서 앉았다 일어났다 하는데 무릎이 아팠다. 밤새 테크노를 추고 겨울에는 늘 보드를 타서 무릎이 아프다고 생각했다. 그때 남자친구가(지금의 남편이다) 혹시 모르니 병원에 가서 X-레이를 찍어보라고 했다. 염증이 있을 거라면서.

29살, 8월 무더운 여름날 친구와 술 약속이 있었는데 낮에 잠시 병원에 갔다. 의사 선생님께 무릎이 아프니 X-레이를 찍어달라고 했다. 나는 의사 선생님과 친하게 지내는 사이였다. 의사 선생님이 엑스레이를 찍더니 MRI를 찍어보자고 했다. "왜요?"라고 하자 "뭐 좀 자세히 보려고"라고 했다.

나는 술 약속이 있으니 빨리 끝내 달라고 말했다. 조형제까지 맞고 MRI를 찍었다. 의사 선생님이 나를 부르더니 내 앞에서 담배를 피우면서 분주하게 어디론가 전화하셨다.

"나 바빠요. 저 가야 해요"라고 하니 선생님이 화를 내면서 "조용히 있어"라고 하며 내 말을 잘랐다. 나도 화가 나서 "가야 한다고요"라고 했더니 의사 선생님이 버럭 화를 내면서 말을 했다.

"너 암이야! 6개월만 살 수도 있고, 다리를 자를 수도 있다고! 정신 좀 차려!"

갑자기 다리에 힘이 풀려 털썩 주저앉았다. '암이라니… 난 이제 29살인데, 암이라니…'

지금 생각해보면 암에 걸리는 게 너무도 당연했다. 그리 술을 마시고 관리를 안 했으니 당연히 몸에서 신호를 보낼 만도 했다.

의사 선생님에게 CD 한 장을 받아서 난 택시를 탔다. 너무 놀라서 눈물이 나지 않았다. 그동안 술에 너무 취해있어서 눈물이란 감정이 잘 작동하지 않았다. 그때는 생각이라는 걸 하지 않고 그냥 사는 대로 살았다. 그래서인지 아무 생각이 나지 않았다. 택시 기사분이 물었다.

"어디로 갈까요?"
"어, 저기... 아산병원이요."

2 첫 번째 병명

의사 선생님이 담배를 피우면서 어디론가 열심히 전화한 곳은 아산병원이었다. 당일 진료가 어렵지만, 너무 위급한 상황이라 선생님의 인맥으로 여러 번 전화 끝에 예약이 되었다. 선생님은 나에게 정신 차리고 CD를 들고 이종석 교수님을 찾아가라고 했다. "대한민국에서 무릎 쪽으로 가장 훌륭한 분이시니 찾아가서 꼭 살려달라고 해"라고 했다.

난 그때까지 이게 무슨 말인지 이해가 되질 않았다. 그때 남자친구였던 지금의 신랑에게 전화가 왔다. "자기야 병원에서 뭐라고 해? 염증 맞지? 지금 어디야?"라고 물었다. 난 택시 안에서 조용히 대답했다.

"아산병원에 가고 있어. 나 암이래..."

그 순간 눈물이 왈칵 쏟아졌다. 말할 사람이 생기니 감정이 살아났다. 택시 기사님도 너무 놀라서 아무 말도 하지 못하고 운전만 하셨다. 그냥 이 모든 것이 드라마에서 나오는 장면처럼 느껴졌다. 현실을 인정하고 싶지 않았다. 남자친구도 너무 놀라서 병원으로 왔다.

아무 말 없이 네 시간을 기다렸다. 무슨 말을 해야 할지, 무슨 위로를 해야 할지 서로 몰랐다. 그냥 막막했다. 아니 사실 무서웠다. 의사 선생님이 CD를 보시더니 내일 당장 수술을 해야 하니 지금 집에 가서 입원 준비를 하고 다시 병원으로 오라고 했다. 그렇게 집에서 짐을 사는데 무엇부터 해야 하는지 아무 생각이 나지 않았다. 회사에 전화하고 그날 이후로 난 병가에 들어갔다.

8월 무더운 어느 날 갑자기 병원에 입원하게 되었고, 간호사가 이제 더 이상 다리를 쓰면 안 된다고 통깁스해주었다. 혹시나 부러지기라도 하면 큰일이 벌어진다고 했다. 다음 날 아침 자고 있는데 간호사가 7시쯤 깨웠다. 원래 수술이 9시인데 당겨졌다고 빨리 씻고 준비하라고 했다.

남자친구에게 전화하고 혼자 수술실에 들어가려는데 간호

사가 신경안정제를 먹으라고 주었다. 한 알을 먹었는데 바로 기절을 했다. 어디선가 계속 깨우는 느낌이 있었다. 수술실에서 "마취하지도 않았는데 벌써 잠이 들면 어떡해요"라고 하면서 나의 이름과 나이를 물어보았다. 겨우 힘겹게 대답하고 다시 깊은 잠이 들었다.

한참을 잤는데 침대가 움직이고 있었고, 어디선가 계속 우는 소리가 났다. 눈을 희미하게 떠보니 남자친구가 침대를 따라오면서 오열하고 있었다. 희미하게 언니가 보였다. 언니가 "괜찮아?" 하면서 울고 있었다. 난 "응"이라고 하고 다시 잠이 들었다.

수술은 암 덩어리를 떼어서 정확한 병명을 알기 위한 것이었다. 간단한 수술이라고 하지만 무릎 속에 뼈를 반으로 나눠서 그 안에 있는 조직을 떼는 것이었다. 병명이 나오기 전까지 일주일이 걸렸다.

그사이 난 왠지 행복했었고 뭔가 나쁜 일이 일어나지 않을 거란 생각이 들었다. 무한 긍정의 생각만 했다. 의사는 병명을 두 가지 말하면서 첫 번째 병명이 나오면 바로 넓적다리관절까지 다리를 절단하고, 두 번째 병명이 나오면 큰 수술을 하되 죽지는 않는다고 했다.

난 술을 열심히 마셨지만 크게 다른 사람에게 나쁜 짓을 하지 않았기에 반드시 두 번째 병명이 될 거라고 확신을 했다. 하지만 마지막 날 밤에 사실은 많이 떨렸다. 아침에 교수님이 들어오셔서 “그래도 잘 살았나 봐요”라고 하면서 하늘이 도왔다고 했다. 내 생각이 맞았다. 나는 술을 좋아했지만 잘 살았다고 믿었다.

3 뼈를 깎는 고통

의사가 말한 첫 번째 병명은 골육종암이다. 골육종암이란 뼈에 발생하는 악성 종양으로 주로 무릎 주위에서 80% 정도 발생한다고 한다. 골육종암이라고 진단이 나면 다리를 절단해야 한다. 두 번째 병명은 거대 세포종이었다. 조직적으로 보면 양성이지만, 치료는 완전한 절제술 후에도 재발률이 50%까지 보고되었다고 한다. 재발이 많고 다양한 모습을 보여 악성과 같은 형태를 띠고, 양성 종양 중 가장 예후가 좋지 않다고 했다.

난 거대 세포종이란 병에 걸렸고, 암의 크기는 9㎝였다(많이도 키웠다). 의사 선생님은 예전에는 죽은 사람도 많았지만, 지금은 괜찮다고 하셨다. 재발이 높아서 폐로 전이가 되어 사망 확률도 높다고 했고 예전에는 본인의 뼈를 잘라서 무릎에 이식을 했다고 한다.

일주일 후에 바로 병원 수술 날짜가 잡혔다. 나는 암이란 얘기를 듣고 포항에 있는 엄마에게 말을 하지 않았다. 어린 나이에 암이라고 하면 너무 걱정하실까 봐 말을 하지 않았지만, 언니들과 동생은 알고 있었다.

달력을 보니 명절이 다가오고 있었다. 난 호텔에서 일을 하다 보니 빨간 날이나 명절에 쉬는 것은 상상도 할 수가 없었다. 그런 날들은 더 바쁜 날이었고, 선배님들이 먼저 비번을 신청했기에 거의 일을 했다. 하지만 그해 명절을 쉴 수 있게 되어서 엄마에게 미리 포항에 내려간다고 말을 해두었다.

엄마가 너무도 좋아하셨는데, 엄마가 일하면서 큰언니에게 "물아는 이번에 언제 내려와?"라고 물었는데 언니가 엄마 앞에서 울어버렸다. 그래서 두 번째 큰 수술 때는 포항에서 식구들이 모두 올라왔다. 엄마는 나한테 한없이 미안하다면서 계속 우셨다. 다 나 때문에 이런 일이 벌어졌다고 하시면서 계속 우셨다.

수술은 거의 8시간 정도 걸렸다. 잠에서 깨어보니 다리에 이상한 기계들이 보였다. 의사 선생님이 오셔서 수술은 잘 끝났고 괜찮냐고 물어보길래 너무 아프다고 했다. "뼈를 그만큼 많이 깎았는데 당연히 아프지! 참아"라고 말씀하셨다.

처음 알았다. 뼈를 깎는 고통이 얼마나 아픈지, 실제로 깎아 본 사람만 알 것이다. 무릎에는 의료용 시멘트 가루가 가득 들어 있고, 허벅지를 지탱해주는 뼛속에는 굵은 철사 2개가 들어 있었다. 혹시나 부러지는 걸 방지 하기 위해서이다.

수술 후 통깁스를 하고 병원 생활한 지 6개월이 지났다. 아산병원에서 수술이 끝나고 안정이 되자, 처음 암을 발견해 준 병원으로 옮겨졌다. 9인실 병원에서 나는 '방장'이라고 불렸다. 그만큼 가장 오래되었다는 뜻이다. 우선 방장은 리모컨을 소유할 수 있다. 나의 손가락 하나에 9명의 TV 채널 운명이 달렸다. 내가 무슨 채널을 켜 주는지 기다리고 있는 눈빛이었다.

병원에 너무 오래 생활하다 보니 새로 들어오는 환자들에게 상담을 주로 해주었다. 수술하는 날 걱정하면서 떨고 있으면 "괜찮아요. 자고 일어나면 의사 선생님이 싹 낫게 해주세요. 그냥 푹 주무시다 오세요"라는 말에 다들 좋아했다.

이미 수술을 받고 살아난 사람이 “괜찮아요, 자고 일어나면 괜찮을 거예요”라고 하는 말에 신뢰감이 생긴 것 같았다.

4 뼈를 깎는 고통

어느 날 TV 시청을 하는데 결혼하는 장면이 나왔다. 신부가 너무도 이뻐서 나도 결혼해야겠다는 생각이 들었다. 엄마한테 바로 전화해서 결혼 날짜를 잡아달라고 했다. 엄마가 너무 황당해하길래 그냥 급하니 잡아 달라고 했다. 용한 집에 가서 3월이나 6월에 가능하다고 날짜를 받아왔다. 아무래도 3월은 걸을 수가 없을 것 같아서 6월로 결혼 날짜를 잡았다. 그리고 9명의 병원 식구에게 선언했다.

"저 6월 7일에 결혼해요."

다들 축하한다면서 손뼉을 쳐 주었다. 나는 사실 이러다 죽을까 봐 두려운 마음에 예쁜 드레스를 꼭 입어보고 싶었다. 바로 남자친구에게 전화했다.

"자기야, 나 결혼해!"
"뭐라고? 누구랑?"
"당신이랑!"

그러고는 어머님, 아버님께 전화를 드려서 6월 7일로 결혼 날짜를 잡았다고 말씀드리고 알고 계시라고 했다. 지금 생각해도 참 당돌하면서 어이없는 프러포즈였다. 결혼을 병원에서 혼자 결정하고 통보를 했으니 말이다.

6개월 후에 깁스를 풀었는데, 왼쪽 다리가 앙상했다. 근육은 전혀 없고, 살은 쪼글쪼글하고, 가장 중요한 것은 다리가 단단히 굳어버린 게 문제였다. 결혼식 때는 반드시 걸어야 했다. 예쁜 신부가 목발을 짚고 들어가는 건 상상하기도 싫었다.

한 달 동안 다리를 구부리는데, 온 힘을 다했다. 기계를 이용하기도 하고, 사람들이 밀어주기도 했지만, 굳게 굳은 다리는 좀처럼 말을 듣질 않았다. 뼈를 깎는 고통도 느껴봤기에 입에 수건을 꽉 물고 'ㄱ'자 모양으로 다리를 접으려고 했다.

뼈를 깎는 고통만큼이나 뼈를 꺾는 고통도 두말할 것 없이 힘들었다. 너무도 고통스러운 나날이었지만 나에겐 결혼이라는 원대한 꿈이 있었기에 참을 수가 있었다.

2004년 8월에 입원하고 2005년 3월에 퇴원했다. 병원에서 여름, 가을, 겨울, 봄으로 변하는 과정을 지켜보았다. 병원에서 밖을 보면 사람들이 걸어 다니는 것이 너무 부러웠다. '나도 저런 날이 있었나'라는 생각이 들었다.

드디어 밖으로 나오게 된 날, 신랑이 봄옷을 사서 나에게 주었다. 병원에서는 환자복을 입으니 사복이 필요 없었다. 새 옷을 입고 신발을 신는데 너무도 행복했다. 그 시절 감사를 미리 알았더라면 진짜 많은 걸 깨달았을 텐데... 목발과 함께 집으로 갔다.

6월의 신부, 찬란한 햇빛처럼 너무도 이쁘게 신부 화장을 했다. 그런데 술을 전혀 마시지 못하는 신랑을 밤새 친구들이 술을 먹여서 새신랑의 몰골이 말이 아니었다. 주례사 말을 듣는데 신랑이 계속 잠이 들었고 나는 옆에서 계속 깨웠다.

내가 말한 대로 우리는 드디어 6월 7일에 결혼식을 했다. 내 발로 당당히 걸어서 아름다운 결혼을 했다. 결혼하니 아이도 낳고 싶었다. 네 몸으로 무슨 임신이냐고 다들 말렸지만 나는 의사 선생님에게 간곡히 부탁하고 허락을 받고 기적처럼 아들도 낳았다. 그리고 내 아이를 위해서라도 5년이 지나면 완치 판정이라는 말을 믿고 열심히 운동도 했다.

그런데 나는 아직 행복하면 안 되는 건가요?

5 한 달만 더 버텨주세요

5년이 되기 딱 한 달 전, 무릎에 기분 나쁜 통증이 있었다. 처음 발견해 주신 의사 선생님께 찾아가서 MRI를 찍었다. 의사 선생님은 또 담배를 피우면서 아산병원에 예약을 급하게 하셨다.

"미안하다. 재발이..."

말을 끝까지 하지 못하고 나를 서둘러 큰 병원으로 보냈다. 두 번째는 너무 힘들었다. 처음에 암이란 말을 들을 때보다 더 더욱 힘들었다. 하늘에 대고 욕을 미친 듯이 했다.

"제가 뭘 그리 잘못했나요? 제기랄! 왜 저에게만 이러시죠?"

계속 술을 미친 듯이 마시고 욕을 하고 울었다. 다시 회사에서 두 번째 병가에 들어갔다. 다시 뼈를 깎는 고통과 함께 수술을 받았다. 같은 부위를 3번째 수술을 하니 아픈 것도 덜했다.

병원에서 또 리모컨은 내가 사수하고 있었다. 그런데 우리는 TV를 보는 것이 아니라 아무 생각 없이 초점을 잃고 시간을 보냈다. 아무 생각 없이 TV를 보는데 천안함 사고로 갑자기 많은 군인이 죽었다는 뉴스가 나왔다.

'세상에 죽는 것이 이렇게 한순간이구나!' 모든 것이 싫었다. 나의 다리도 이 세상도... 나도 한순간에 죽을 수도 있겠다는 생각이 들었다. 이런 나에게 살라는 말을 해주고 싶었는지 4살 된 나의 아들이 병문안을 자주 왔다. 아들 웃음소리, 아들 얼굴을 생각하면서 한 번만 더 버티는 마음으로 나는 살기로 했다.

6 주기가 더 짧아지는구나!

2번째 암이 재발한 지 3년이 지났다. 2년만 있으면 완치가 된다고 생각할 즈음에 3번째 암이 또 재발하였다.

'이젠 주기가 더 짧아지는구나…'

이젠 하늘에 대고 욕도 하지 않고 세상에 원망도 하지 않았다. 억울하다는 생각도 들지 않고 울지도 않았다.

교수님이 이번 부위는 상황이 좀 안 좋아서 수술하면 걷기가 힘들다길래 포기하는 마음으로 "수술 안 할게요"라고 했다. 교수님도 나의 마음을 이해했는지 암의 크기만 계속 확인하면서 지켜보기로 했다.

슬픈 영화도 처음에 볼 때는 슬픈데 자꾸 보면 담담해지는 것처럼, 암도 세 번 걸리니 슬픈 것도 없고 담담해졌다. 누군가 암에 걸려서 마음이 힘들어하면 난 말한다.

"괜찮아. 암 3번 걸렸던 나도 아직 살아 있잖아. 암 한 번 정도야 아무것도 아니지."

친구가 뒤늦게 둘째를 낳고 이쁘다고 하기에 뭐가 그리 이쁘냐고 물었다. 대답은 어이가 없었다.

"물아야, 너는 딸 낳아. 난 아들만 둘이니 너는 꼭 딸을 낳아."

그때 내 나이 40살이고 암이 3번 재발한 상태였다. 나는 엄마한테 좋은 딸이다. 그래서 나같은 딸을 상상해 보았다. 그날 밤 바로 집에 가서 신랑한테 9년 만에 딸이 갖고 싶다고 선언하고 15일 만에 임신했다.

신이 없다고 생각했는데 이런 말을 하면 바로 들어주셨다. 임신한 사실을 알고 교수님이 너무도 반대하셨다. 아이가 커질수록 암이 같이 커진다며 걱정하셨다. 3번 정도 암에 걸려

보니 무서운 것도 없어졌다.

의사 선생님께 "제가 책임지겠습니다"라고 말을 하고 배 속에 아이만 생각했다. 의사는 나를 살릴 생각만 했지만, 나는 내 아이를 살릴 생각만 했다.

한다면 하는 사람, 난 하고 싶은 게 있으면 바로 하는 스타일이었다. 첫째 아들은 5대 독자라서 꼭 아들을 낳아야겠다고 생각했고 둘째는 딸을 낳겠다고 생각하니 40살이 넘어서 15일 만에 임신하고 아이를 낳았다.

친구 한마디에 소중한 천사 같은 딸이 선물처럼 나타났다. 아이를 낳고 병원에 갔는데 다행히도 암의 크기가 그대로였다. 교수님도 나도 너무 기뻐했고, 암이 커지지 않아서 암에게 고맙다고 말했다.

조금 걱정은 되었지만, 소중한 아이를 낳았기에 괜찮았다. 지금은 암에 걸린 지 20년이 다 되어간다. 20대에 암에 걸려서 50대를 바라보고 있다. 지금은 귀엽고 작은 두 개의 암이 조용히 다리에서 살고 있다. 서로 불편함을 주지 않고 함께 살기로 했다.

7 나 이제 쉬고 싶어

신랑의 남동생 교휘, 신랑과 만난 지 얼마 되지 않아서 남동생을 소개받았다. 신랑과는 느낌이 달랐다. 키가 작고 왜소하지만 잘생기고 성격이 아주 좋았다.

교휘는 태어난 지 한 달 만에 수술을 받았다. 한 달이 지난 아이의 얼굴이 황달이 심해서 검사를 해보니 담도폐쇄증이란 병명이 나왔다. 우리나라에 몇 안 되는 사람이 담도폐쇄증 병을 가지고 있었다. 100일 된 아이의 배를 개복해서 수술했지만, 평생 병을 가지고 살았다. 어머님 말씀으로는 머리 위에 항상 병원 갈 짐을 싸서 올려 두었다고 했다. 간이식을 해야 했지만, 이식받기도 힘든 상황이었다.

처음 봤을 때 잘생긴 얼굴에 황달이 심한 걸 느꼈다. 노래도 잘 부르고 친구들에게도 인기가 많았다. 우리 교휘는 나에게 항상 말했다.

"누나, 형이 잘못하면 나한테 바로 말해요 내가 형을 때려줄게요."

교휘 핸드폰이 고장 나서 핸드폰을 사 줬다. 교휘는 너무나 행복한 미소를 지었다.

내가 아파서 병원에 입원해 있을 때 교휘가 병문안을 왔는데 사람들이 얼굴색이 다른 걸 알고 자꾸 쳐다보았다. 오히려 교휘는 나에게 "누나, 괜찮아! 빨리 낳아야 해"라고 하면서 나를 위로했다. 빨리 회복해서 같이 놀자고 했다.

어머님, 아버님은 평생 아픈 아들이 있는데도 암에 걸린 나를 항상 챙겨주셨다. 교휘는 몸이 점점 더 나빠졌다. 어머님이 교휘를 데리고 강원도 깊은 곳으로 가셨다. 암 환자들이 모여 있는 동굴이 있었는데 마지막 지푸라기라고 잡고 싶은 마음에 강원도로 가셨다. 교휘 혼자 두고 돈을 벌기 위해 서울까지 왔다갔다하셨다.

교휘가 몸 상태가 더욱 나빠져서 중환자실에 입원했다. 이젠 내가 목발을 짚고 교휘 병원에 갔다. 교휘가 나지막한 목소리로 말을 한다. “누나, 내 발이 썩어서 올라오고 있어”라고 하면서 발을 보여 줬다. 발은 까맣게 변했고 검은색이 서서히 무릎까지 올라오고 발은 퉁퉁 부어 있었다. 아무것도 먹지도 못했다. 복수가 많이 차서 먹는 것도 너무 위험했다. 수액으로 계속 견뎠다. 매번 관장해야 했고 혼자서 할 수 있는 게 없어졌다

“누나, 나 홍시 먹고 싶어!”
“그래, 교휘야, 우리 조금만 좋아지면 홍시 먹자.”

하루는 교휘가 말을 했다.

“누나, 나 너무 힘들어 그만 쉬고 싶어.”
“내가 잠이 들었는데 누가 나를 데리러 와서 따라가는데 엄마가 너무 울어서 갈 수가 없었는데, 나 이제 쉬고 싶어.”

가슴이 찢어지는 것 같았다. 아무 대답도 할 수가 없었다. 복수가 너무 심하게 찼다. 중환자실에는 매일 한 분씩 하늘나라로 가셨다. 항상 불안한 마음으로 어머님은 하루하루를 보내셨다.

교휘가 안색이 좋아졌다. 의사 선생님이 어머님, 아버님을 부르셨다. 어머님은 교휘가 일반병동으로 가는 걸 기대하면서 의사 선생님의 말을 들었다.

"죄송합니다. 오늘 밤이 고비입니다. 준비하셔야 합니다."

알고 있었지만, 누군가에게 들어야 하는 이 말은 사형선고처럼 들렸다. 결국, 어머님은 그 자리에서 쓰러지셨다. 새벽에 전화가 왔는데 어머님이 울고 계셨다. 나는 목발을 짚고 택시를 타고 병원으로 가는 내내 기도를 했다.

하늘은 나의 기도를 들어주지 않았다. 결국, 교휘는 복수에 찼던 피를 모두 토한 뒤에 편안한 얼굴로 누워있다. 내가 도착했을 때는 온몸에 피투성이었고 어머님, 아버님도 피범벅이었다. 교휘는 너무도 편하게 누워있었다

교휘를 껴안고 울부짖었다. "교휘야, 교휘야"라고 하면서 울부짖었다. 하늘나라로 가기 전에 귀가 가장 마지막에 닫힌다고 했기에 우리는 마지막으로 이름을 한 번이라도 더 불러주고 싶었다. 그렇게 교휘를 껴안고 한참을 울었다.

내가 그동안 본 얼굴 중에 가장 편해 보였다. 너무도 어린 꽃다운 26살 나이에 하늘나라로 떠났다.

교휘 침대 옆에는 내가 가져다 놓은 대봉이 그대로 있었다. 나중에 어머님이 "그리 먹고 싶어 했는데 저게 뭐라고 안 먹였을까"라고 하면서 한없이 우셨다. 가을 막바지에 떨어지지 못한 홍시처럼 어머니는 가슴에 아들을 묻으셨다.

교휘는 제주도를 좋아했다. 그동안 아파서 할 수 없었던 게 많아서 자유롭게 다니라고 제주도 바다에 뿌려 줬다. 어머님, 아버님은 둘째 아들을 가슴에 묻으시고 암에 걸린 나도 품어 주셨다. 단 한 번도 내가 하는 일을 반대하지 않으셨다. 지금은 어머님, 아버님이 포항으로 이사를 오셔서 우리 아들, 딸을 돌봐주신다. 항상 어머님, 아버님께 감사하다는 말을 표현해도 표현할 길이 없을 정도이다. 감사합니다

누군가에게 간절했을 오늘을 나는 살고 있다. 신랑에게도 말을 했다.

"나를 포기하지 않아서 정말 고마워. 만약에 당신이 나를 포기했으면 나는 밖에서 술에 취해서 당신을 평생 원망하면서

객사를 했을 거야."

나를 끝까지 기다려준 나의 남편 김교명님 감사하고 사랑합니다.

3장

두 번 살 수 있다

노력

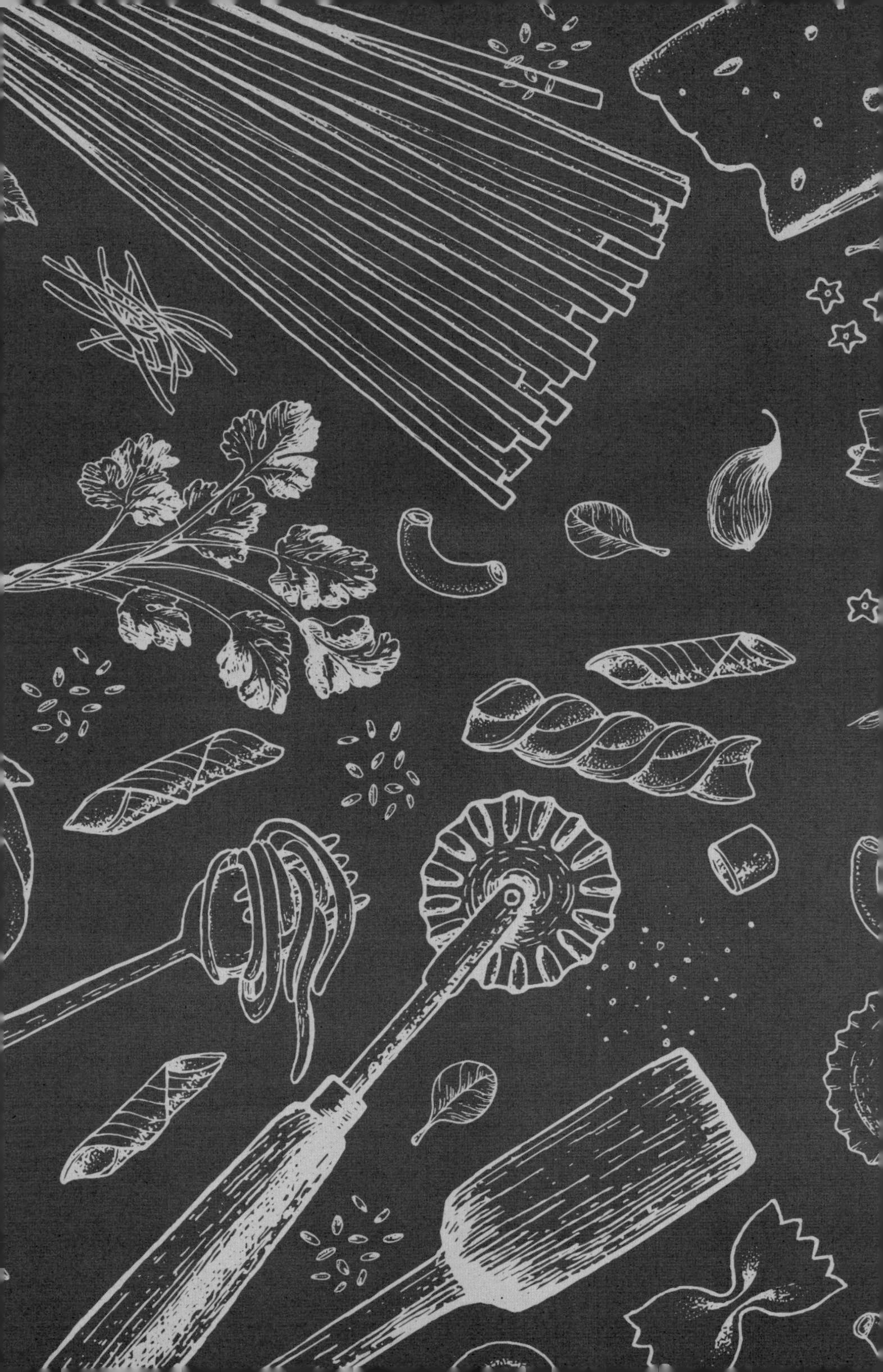

1 20초만 뛰어보자

29세, 첫 번째 암에 걸렸을 때 교수님이 하신 말씀을 평생 기억하면서 살았다.

"당신은 절대로 뛰면 안 됩니다. 혹시라도 뛰다가 넘어지면 모든 것은 끝납니다. 혹시라도 다리가 부러지면 큰일이 벌어집니다."

그 말을 듣고 나는 절대로 뛰지 않았다. 그때 당시 내가 아끼던 보드 장비도 눈물을 머금고 모두 팔았다. 매해 겨울마다 난 보드를 타기 위해 스키장에서 살다시피 했다. 쉬는 날은 새벽 4시에 일어나서 스키장을 가고 일이 끝나면 자정까지 보드를 탔다. 술만큼 보드를 사랑했다.

나는 29세 이후로 아무리 바빠도 절대로 뛰질 않았다. 신호등이 눈앞에서 바뀌도 뛸 수가 없으니 다음 신호등을 기다렸다. 뛰지 못해서 바로 눈앞에서 KTX도 놓친 적이 있다.

어느 날 인스타에서 알게 된 친구가 위암 4기를 선고받았는데 자연치유와 명상으로 몸이 점점 좋아지고 있다고 했다. 암이라는 전쟁을 같이 치르는 전우애가 있었기에 금방 친해졌다. 어느 날 친구가 달리기를 하자고 권했다. 난 아무 생각 없이 그러겠다고 대답했다. 내가 뛰면 죽을 수도 있다고 했는데 큰일이었다.

그런데 6개월 선고받은 위암 친구도 뛰는데 내가 왜 못하겠냐는 생각에 17년 만에 처음으로 뛰었다. 사실 무섭고 두려웠고 뛰는 방법이 기억나지 않았다. 몸은 뛰는 것을 잊은 것처럼 발이 뛰어지지 않았다. 힘겹게 뒤뚱뒤뚱 한 발짝씩 힘을 주었다. 어린아이가 아장아장 걸음을 떼듯 발끝에 힘을 주고 뛰었다. 어찌나 발에 힘을 주었는지 그날 다리가 아파서 제대로 걷지도 못했다. 겨우 20초 정도 뛰었는데 말이다.

그다음 날도 20초 정도 뛰었는데 다리가 너무 아파서 제대로 걷지도 못할 정도였다. 20초 동안 뛰는 것이 일반인들에게는 평범하겠지만, 나에게는 온몸에 힘이 들어갈 정도로 땀이 뻘뻘 나는 일이었다.

나는 달릴 수 없고, 달리면 큰일 난다는 생각을 오랫동안하고 살았다. '교수님은 그때 그 말을 한 것을 기억할까?' 나만 기억하고 있었고 나에게 스스로 뛰면 안 된다고 명령을 한 것이다. 반드시 다시 달릴 수 있을 거라고 다짐했다.

며칠 동안 연습을 하니 1분 정도 뛰게 되었다. 새벽에 해운대 바다에서 뛰고 있는데 갈매기가 옆에서 날개를 활짝 펴고 날고 있었다. 나는 눈을 감고 양손을 옆으로 뻗어서 갈매기처럼 날고 있었다. 눈물이 한없이 났다. 17년 동안 나는 못 뛴다는 말에 갇혀있었는데 새장을 박차고 날아오르는 느낌이었다. 심장이 뛰었다. 그렇게 난 조금씩, 아주 조금씩 뛰기 시작했다.

하루하루가 행복했다. 생각을 바꾸니 다리도 아프지 않았다. 추운 겨울 해운대 바닷가에서 새벽마다 달리기하고 방파제에 앉아서 떠오르는 태양을 보면서 명상도 했다. 너무도 행복한 시간이었다.

매일 20초씩 늘려서 드디어 5km 뛰었을 때 힘들어서 주저앉았다. 달리기는 많은 생각을 하게 하는 운동이다. 달리기는 혼자서 하는 운동이고 동시에 성취감도 느끼게 해준다. 5km를 30분 만에 뛰기 위해 노력을 많이 해야 했다. 그리고 또 늘려서 7km를 도전했다. 7km 뛸 때가 가장 힘들었는데 정말 숨이 넘어가는 줄 알았다. 혼자서 달리다 보니 너무 힘들고 지쳤다.

누군가 함께 해줄 사람이 절실히 필요해서 나는 상상을 했다. 상상으로 많은 사람을 불러내고 내 양옆에 한 명씩 사람을 만들어서 함께 뛰게 했다. 옆에서 페이스메이커가 되어주고 나에게 힘내라고 말을 하는 상상을 했다. 그리고 나도 같이 힘내서 외치며 뛰었다. 힘내라고 소리를 지르면 다른 사람이 아니라 내가 가장 먼저 듣게 된다. 달리기를 선언한 지 3개월 만에 난 10km 마라톤을 완주했다. 한계선을 정하고 달리기를 시작했고 마지막 날 겁은 났지만, 나의 한계를 깨기 위해 달렸다.

마라톤을 하면서 나를 그동안 짓누르던 한계를 깨고 있었다. 이것이 바로 임계점이다. 임계점을 뚫기 전에는 몇 번을 뚫어도 뚫리지 않는 저항선이었는데 한 번 뚫으면 나를 지탱해주는 지지선이 된다.

7km 고비를 겪어 보았기에 7km까지 마음이 편안해졌다. 그때 나의 임계점이 7km인 걸 느꼈다. 임계점이 지나자 몸은 저절로 움직이고 있었다. 남은 3km는 행복한 순간을 상상하면서 뛰었다. 10km가 딱 되는 순간 정말 감사했다.

"내가 드디어 해냈구나."

17년 동안 나는 뛰면 안 된다는 말에 전혀 시도도 하지 않았는데, 10km 마라톤을 해내다니, 또다시 한계를 넘은 나에게 감사했다. 10km 완주를 한 뒤에 3월의 마지막 날 포항 바다에 앉아서 한없이 바다만 바라보았다. 갈매기를 보면서 나도 이제 너처럼 날 수 있을 것 같다며 혼잣말을 했다. 항상 바다를 보고 있으면 파도가 나에게만 오는 것 같았는데, 그날은 파란 바다의 흰 거품이 샴페인 폭죽처럼 느껴졌다. 나를 달리게 해준 치유의 꽃 혜윤이에게 감사를 전한다.

2 절대 죽지 않아요

"나이를 먹는다는 것은 늙어가는 것이 아니라 조금씩 익어가는 것이다."

'바디프로필은 도대체 왜 하는 걸까? 젊은 날을 기억하고 싶은 건가?'라는 생각을 하면서 나도 한 번은 하고 싶었다. 켈리 최 회장님 인스타를 팔로우하다 복근 운동을 하게 되었다. 태어나서 단 한 번도 상상해 보지 않았던 바디프로필! 나도 해봐야겠다는 생각에 너무 신기하고 또 심장이 뛰기 시작했다.

'그래 도전해보자.' 딱 5초만 생각하고 선언을 했다. 켈리 최 회장님 인스타에서 3개월 후에 바디프로필 사진을 찍으라고 했다. 내가 좋아하는 멘토라서 나도 따라 하겠다고 우선 3개월 뒤에 사진관을 예약하고 입금부터 했다. 더 물러설 곳이 없도록 할 수밖에 없는 환경을 만든 것이다.

그런데 운동할 시간이 없었다. 아침에 출근해서 밤에 10시에 퇴근을 하고 온종일 일을 하므로 헬스장에 갈 수가 없었다. 퇴근하고 집에서 밥을 먹고 밤 12시부터 운동을 시작했다. YouTube에서 복근 프로젝트 영상을 보며 매일 30분씩 운동을 했다. 요즘은 유튜브에 모든 것이 있어서 정말 감사하다.

그런데 복근 운동을 처음 해 봐서 그런지 허리가 너무 아팠다. 평상시에도 허리가 좋지 않았는데 복근 운동은 허릿심이 많이 들어갔다. 아파도 꾹 참고 매일 시키는 대로 했다. 약 20일이 지나니 배의 중심 코어에 힘이 좀 생기기 시작했고 허리가 아프지 않았다. 30일이 지나니 배가 단단해지기 시작하면서 힘을 주면 배가 딱딱해졌다. 영어공부는 아무리 해도 바로 효과를 볼 수가 없었는데 운동은 아주 마음에 들었다. 내가 한 만큼 보상을 해주었다. 그러다 보니 더욱더 열심히 했다.

50일이 지나자 배에 흐릿하게 복근이 생기기 시작했다. 너무 신기하고 힘이 났다. 이젠 한 시간이 넘게 운동을 했다. 결과물이 보이기 시작하니 더욱더 욕심이 났다. 90일이 지나자 선명하게 복근이 보였다. 열심히 운동하니 보상은 확실히 주어졌다.

더 선명한 복근을 위해 운동과 함께 식단을 조절했다. 탄수화물은 전혀 먹지 않았다. 나는 빵을 정말 좋아했었는데 딱 100일만 참아보자는 생각에 식단을 조절했다. 파스타 집을 운영하면서도 밀가루를 전혀 먹지 않았고 밥은 한 톨도 먹지 않았다. 단지 닭가슴살과 달걀, 채소, 과일만 먹었다.

식단을 조절하면서 운동을 하니 몸이 예쁘게 잘 만들어졌다. 무엇보다 혼자서 해 내고 있다는 것에 엄청난 성취감을 느끼고 있었다.

내가 운동을 처음 시작했을 때 신랑이 '며칠이나 하겠어'라는 눈빛으로 지켜보았다. 가족도 저러다 말겠지 하다가 계속하는 모습에 놀라워했다. 태닝을 하고 촬영 전날은 물 50L만 마셨다. 드디어 바디프로필 찍는 날이 되었다.

신랑과 함께 스튜디오에 갔다. 신랑이 "정말 해냈구나! 정말 대단하다"라고 칭찬해 주었다. 나에겐 최고의 하루였다. 내가 주인공이 되었고 연예인이 된 듯한 느낌이었다. 12월에 가장 추운 겨울날 예쁘게 화장을 하고 속옷만 입고 열심히 복근을 뽐내면서 사진을 찍었다. 아주 멋지게 또 하나의 꿈을 이루었다.

사진을 찍고 난 후 신랑이 뭐가 가장 먹고 싶냐고 물었을 때 나는 하얀 쌀밥이 가장 먹고 싶다고 했다. '역시 대한민국 사람은 밥심인가 보다'라는 생각을 했다. 바디프로필을 찍고 난 후에 나는 자존감이 무척 올라갔다. 이젠 무슨 일이든지 다 해낼 수 있을 것 같았다. 지금 책을 읽고 있는 당신도 하고 싶은 일이 있으면 데드라인을 정하고 반드시 도전해보길 원한다.

바로 다시 살게 하는 성취감을 줄 것이다.

그 후로 3년이 지난 후 다시 바디프로필에 도전했다. 이번에는 헬스장도 다니고 개인 피트까지 받으면서 제대로 운동을 하였다. 하체, 상체, 복부운동까지 제대로 배우면서 운동을 했다. 혼자서 운동할 때와는 너무도 달랐다.

중량이 들어가니 무척 힘들었다. 처음 개인 맞춤형 훈련을 받은 날은 계단을 내려 오질 못했다. 다리가 너무 떨려서 겨우 내려왔다. 그다음에는 등이 아파서 제대로 서 있지도 못했다. 운동하면 죽을 듯 고통스러웠다. '선생님이 오늘 나를 죽이려고 하나'라는 생각도 들었다. 하지만 죽지 않고 살아 있었다.

선생님도 매번 말했다. "죽을 정도로 힘들지만 절대 죽지 않아요." 정말 신기했다. 그 말에는 힘이 있었다. 그 후로는 '너무 고통스러워도 죽지 않으니 이 고통도 잠시일 뿐이야'라고 하면서 스스로 최면을 건다. 그러면 기분이 너무 좋다. '오늘도 해냈구나! 죽지도 않았고 몸은 건강해지고 튼튼해지니 얼마나 감사한가!'

두 번째 바디프로필 사진은 많이 성숙한 느낌이었다. 한번 찍어본 경험이 있어서 그런지 한층 여유도 있었고 편안하게 촬영을 하게 되었다. 이번에는 운동도 열심히 하면서 먹는 것도 마음껏 먹었다. 이젠 더 큰 꿈이 생겼다. 50살이 되기 전에 머슬마니아 대회에 나가서 우승하는 것이다. 나는 선언을 하면 반드시 이루어진다는 걸 알고 있다. 나이를 먹는다는 것은 늙어가는 것이 아니라 조금씩 익어가는 것이라서 나는 멋있게 익어가고 싶다.

"상상하면 현실이 된다."

3 보이지 않는다고 없는 것은 아니다

"마음이 바뀌어야 진정한 변화가 시작되는 것이다."

아무 생각 없이 그냥 사는 대로 살았다. 다들 그렇게 사는 거 아닌가? 그냥 열심히 일하면 저절로 돈이 들어오는 것이고 돈이 생기면 좋다고 술을 마셨다. 그러다 보니 돈이 남으면 이걸로 무엇을 해야 하는지도 몰랐고 미래에 대한 준비도 없고 꿈과 목표라는 것도 없었다.

그런데 어느 날 〈10억 만들기〉라는 책이 눈에 들어왔다. 책장에 먼지가 쌓인 책이었는데 '정말 10억을 만들 수 있는 걸까?' 궁금해지기 시작했다. 한 장씩 넘기면서 생각보다 재미있게 책을 읽었다.

'아, 이렇게 하면 돈을 모을 수도 있겠구나'라는 생각을 처음으로 했다. 책 한 권을 읽고 다른 방법도 궁금해져서 책장에 있는 책들을 모두 읽었다. 계속 의문이 들어서 다른 책들도 읽고 싶어졌다. 그래서 학교 다닐 때 가지도 않던 도서관을 가게 되었다. 내 의문의 답을 찾기 위해서 도서관을 수시로 가고, 한 번 갈 때마다 5권 정도 책을 빌려서 읽었다. 밤새 읽고 반납하고 또 빌리고 한 달 만에 수십 권을 읽기 시작했다.

그러다 우연히 부동산 책을 한 권 읽게 되었는데 이것이 시작이었다. 나도 부동산을 할 수 있을까에 대해 의문으로 시작했는데 부동산을 사고 싶다는 욕심까지 생겼다. 그래서 포항에서 서울로 무작정 올라가서 이 책의 작가를 만나고 싶어졌다.

작가를 만나니 더 배우고 싶은 마음이 들고, 하고 싶다는 마음이 현실로 이루어질 것 같아서 바로 수강을 신청했다. 부동산과 동산을 구분할지도 모르는 '부린이'인 내가 부동산 공부라는 걸 하게 된 것이다. 매주 토요일 새벽 4시에 일어나서 5시 첫차를 타고 서울로 갔다. 번쩍이는 청담동에서 부동산수업을 6시간을 받고 수업이 끝나면 서둘러 다시 포항으로 내려왔다. 가게를 하면서 일주일에 한 번 쉬는 날 나는 알차게 공부를 했다.

이때 딸이 3살이었는데 밤에 열이 엄청 났던 날이 있었다. 걱정되어서 밤새 간호를 하고 시어머님께 아이를 부탁하고 새벽 5시에 나온 날도 있었다. 마음이 너무 무거워서 발길이 차마 떨어지지 않았지만, 내년에는 내 딸과 함께 행복한 날을 보낼 수 있을 거라 믿고 찬바람을 맞으며 나왔다. 그만큼 나는 돈을 버는 방법은 간절히 배우고 싶었다.

그런데 부동산을 배우러 간 첫날, 마인드 교육을 먼저 가르쳐줬다. '책을 계속 읽으라고 하는데 부동산과 마인드는 무슨 상관인가?'라는 생각이 들었다. 계속 책을 읽으면서 부자는 마음공부부터 해야 한다는 것을 알게 되었다.

부자가 되기 위한 세 가지 요건이 있는데 바로 마음공부, 사람공부, 돈공부라고 한다. 그중에 마음공부는 돈을 담을 그릇이다. 돈을 담는 그릇이 커져야 큰돈을 벌어도 담을 수 있게 되기 때문이다. 그래서 부자가 되려면 첫 번째로 마음공부를 하라고 하는 것이다.

마음이 바뀌어야 진정한 변화가 시작된다. 열매가 달라지길 바란다면 씨부터 달라져야 한다. 사과 씨를 심으면 사과가 열리는 것처럼 마음 씨를 바꿔야 눈에 보이는 결과를 바꿀 수 있다. 그런데 나는 그동안 술독에 빠져 살았기 때문에 마음의 씨를 심을 줄 몰랐고 진정한 삶이 무엇인지 몰랐다. 이렇게 43년을 방황하면서 살았다. 그래서 나의 책을 읽는 사람에게 마음부터 챙기라는 말을 꼭 해주고 싶다.

보이는 것을 이루기 위해서는 보이지 않는 곳의 힘이 있다. 사실 보이는 것보다 보이지 않는 것이 훨씬 더 강력하다. 참고로 나폴레온 힐은 "우리의 생각은 감정을 낳고, 감정이 행동을 낳고, 행동은 결과를 낳는다"라고 하였다.

처음에는 이 말이 무엇을 의미하는지 잘 몰랐는데 시간이 지날수록 굉장한 힘을 가지고 있다는 것을 알았다. 그동안 생각 없이 살았던 것도 술만 마시다 보니 생각을 피하고 싶었던 것일지도 모른다. 술기운에 살았고, 술에 취해서 현실을 부정하듯 생각 없이 살았다. 그래서 생각이란 걸 하지 않아서 감정이 생기지 않았고, 감정이 생기지 않았기에 행동도 변하지 않았다.

다행히 책을 읽으면서 생각이라는 것을 자꾸 하게 되고, 책

속에 작가가 나에게 무엇을 말하는지 계속 생각하게 되었다. 생각한다는 것은 바로 감정을 다룰 수 있다는 것이다. 의도적으로 나의 감정을 좋아지게 만들 수 있다.

난 책을 읽다가 자주 울었는데 행복하고 충만한 감정을 느끼고 감사함에 눈물을 쏟아내며 지금보다 더 열심히 살고 싶은 욕망이 생긴 것이다. 그리고 하나라도 행동을 하게 되었다. 그중에서 손으로 내가 해야 할 행동들을 적게 되었다. 생각하는 대로 행동하게 된다면 내가 어떤 생각을 선택하느냐에 따라 내 삶도 바뀔 수 있다.

"내 인생의 주인공은 나다." 손으로 쓰고 외치자. 남이 만들어 둔 생각 속에서 살면 영원히 주인공이 될 수 없다. 바로 당신이 인생의 주인공이다.

4 돈 걱정 없이 살고 싶다

지금 현재의 모습은 우리 과거의 결과물이다. 지금 당신의 현재 결과물은 어떠한가? 과거에 했던 모든 행동이 결과로 보일 것이다.

술꾼으로 살 때는 아침마다 일어나면 내가 오늘 술을 또 마시면 사람이 아니라고 혼잣말을 하고는, 밤만 되면 또 '누구와 술을 마시러 가지?'라는 고민을 했다. 내 인생의 주인공은 나인데 난 술에 빠져 살았기에 암이란 결과물을 얻게 된 것이다.

하루에 오만 가지 생각을 하게 되는데 부정적인 생각이 90% 이상을 차지한다. 나쁜 생각이 올라오면 일부러 끊어내려고 하는 연습도 당신만 할 수 있다. 생각은 꼬리에 꼬리를 물고 올라가다 보면 점점 부정적인 늪 속으로 빠져들게 된다. 계속 부정적인 생각으로 자신을 힘들게 한다. 그래서 나는 부정적인 생각이 오라면 가는 길에 멈추고 큰소리로 외친다.

"Stop! No More!"

그러면 내 머릿속에 검은 기운들이 사라지는 기분이 든다. 왜 이러나 하고 주위 사람들이 깜짝 놀라서 쳐다보지만 난 아무 일 없다는 듯이 웃으면서 지나간다.

그렇게 나에게 명령을 하면 부정적인 생각은 쉽게 사라진다. 그다음 좋은 생각을 하도록 한다. 우주는 양자 물리학에서 진동으로 이루어져 있다고 한다. 보이지 않는 전기로 우리는 밥을 할 수도 있고, 차도 움직이고, 전기로 기계를 사용할 수 있는 것처럼 진동은 같은 파장끼리 끌어당긴다.

내가 술독에 빠져 살 때는 내 주위에 오로지 술친구만 있었고, 책을 읽거나 명상을 하는 사람은 단 한 명도 없었다. 사실 그들을 내가 계속 끌어당긴 것이다. 지금 내 주위에는 독서 모임을 하는 사람들과 작가들, 책을 좋아하는 사람들이 모여 있다. 어떻게 이렇게 바뀌었을까 궁금할 것이다. 비법은 내가 생각을 바꾼 것이다. 이것이 바로 끌어당김의 법칙이다.

론다 번의 '시크릿'에서 나오는 '끌어당김의 법칙'을 직접 느껴 본 적이 있다. 장사한 지 9년 만에 2호점을 오픈할 때 일이다. 1호점이 너무도 바쁜 와중에 2호점을 열었다. 1호점이 바쁘니 직원들이 힘들어했고 지쳐가고 있었다. 그에 반해 2호점은 장사가 되지 않아서 나는 이래저래 머리가 너무 아팠다.

계속 고민하고 홍보를 하다 보니 2호점이 단시간에 대박집이 되었다. 오픈이 11시 30분인데 밖에서 손님들이 줄을 서 있었다. 11시부터 손님들이 가게로 들어와서 문을 잠그기도 했었다. 아직 오픈 준비가 되지 않았는데 들어오시면 심적으로 힘들었다. 가게 밖에 웨이팅 자리를 계속 만들었다. 처음으로 계속 들어오는 손님을 보면서 무섭단 생각까지 하게 되었다. 지금은 상상도 못 할 일들이다. 그때가 정말 감사했다.

매일 바쁘게 일을 하고 집에서 샤워하고 머리를 말리는데 신랑이 "당신 머리가 이상해"라고 했다. 5백 원짜리 동전 크기의 원형탈모가 보였다. 그동안 내 머리가 너무도 힘들고 지쳤던 것이다. 난 머리를 붙잡고 울었다. "너무 미안해! 내가 너를 너무 힘들게 했구나!"라고 하면서 울었다.

신랑이 탈모병원을 가라고 했지만 난 괜찮다고 했다. 우주

긍정의 힘을 알기에 난 식구들에게 말을 했다. 한 달이 지나면 반드시 머리카락이 자랄 거라고 외쳤다. 그것 또한 순리일 테니까.

그때 당시 난 무슨 말만 하면 우주 님을 찾았다. 가족들은 내가 어떤 사이비 종교에 빠진 줄 알고 걱정을 했다. 난 머리에 손을 대고 주문을 했다.

"머리야, 미안해! 많이 힘들었구나. 내가 너를 너무 몰라봤구나!"
"이제 내가 너를 알았으니 괜찮아!"
"우주 님이 너에게 머리카락을 주실 거야."

나는 머리를 더 사랑해 주었다. 딱 한 달이 지나고 나의 머리카락은 봄에 새싹이 올라오듯이 파릇파릇 올라왔다. 신념을 갖고, 믿음을 가지고 확신하라. 주문을 하고 믿고 받으면 된다.

최대한 편안한 마음 상태가 가장 중요하다. 나는 매달 나가는 돈들이 많다. 인건비에 물건값에 생활비와 은행에 빌린 돈들이 매일 나를 힘들게 한다. 가게가 많다 보니 고지서도 몇 배로 나온다. 이렇게 매일 돈 걱정을 하다 보면 머리가 아프다.

하지만 어느 날부터 난 돈 걱정을 하지 않았다. 매일 자기 전 내일 할 일을 생각하고 1번부터 'The To Do List'를 적는다. 해야 할 일에만 집중을 했다. 하루에 일이 끝나지 않으면 잠을 자지 않고 마무리를 했다.

그러다 보니 돈 걱정은 잊고 머리가 맑아졌다. 그 대신 돈이 나갈 때만 걱정을 한다. 한 달에 3일 정도 돈 걱정을 하고 나머지 시간에는 할 일에 집중했다. 그러다 보니 삶이 더 풍요로워졌다.

5 시도하지 않으면 한계를 만드는 것이다

아는 언니와 저녁 식사를 하는데 나에게 돈을 얼마나 벌고 싶냐고 물었다. 내가 아는 가장 큰 금액으로 30억이라고 대답했다. 그런데 물어본 언니의 목표는 2백억이라고 했다. 놀라서 '30억'이란 말이 쏙 들어갔다. 사실 공부를 하면서 나의 꿈이 엄청나게 커져서 30억까지 오게 된 것인데 200억이라니 말도 안 된다.

3년 전 처음 공부를 시작할 때도 3억을 벌고 싶다고 소심하게 적었는데, 마음공부를 하면서 그릇이 커져서 30억까지 오르게 된 것이다. 그런데 그날 2백억이란 말은 나에게 너무 충격이었다. 200억이라고 말하는 언니가 이상하게 보이기도 했지만, 한 대 얻어맞은 기분이 들었다.

나는 그동안 스스로 나에게 한계를 정하고 살았다. 그날 언니의 말에 나의 한계를 두지 말고 나도 100억을 벌겠다고 선언했다. 웰씽킹(WEALTHINKING)의 저자, 켈리 최 회장님이 말씀하셨다.

"꿈은 이룰 수 없어서 꿈이라고 했다. 그래서 꿈을 크게 잡아야 한다고 한다."

누가 뭐라고 하는 것도 아닌데 꿈이라도 크게 만들자. 그래서 2022년 비전 보드에 3억 모으기라고 적었는데, 2023년 비전 보드에 '100억 모으기'라는 꿈이 생긴 것이다. 1년 사이에 내 생각이 확 바뀐 것이다. 누군가는 허황된 꿈을 꾼다고 하겠지만 나의 잠재의식에게 난 계속 명령을 내린다. '난 백억, 물아야'라고 얘기하면 잠재의식은 기억할 것이다.

우리의 잠재의식은 우리가 살았던 모든 기억의 창고이다. 의식과 달리 잠재의식은 들어오는 생각을 거부할 수 없다. 그래서 난 매일 잠재의식에게 명령을 내린다. 나의 뇌를 속이면 잠재의식이 내가 백억 물아가 되게 하기 위해 많은 생각과 행동을 하게 만들어 준다.

내 육체는 의식이고 명령을 받고 움직이는 잠재의식에게 일을 시키는 것이다.

내가 인생의 주인공이 되고 보니 내가 나에게 일을 시키고 움직이게 된다. “사람은 생각하는 대로 산다”라는 말이 너무도 가슴에 와닿는다.

꼭 생각하라! 단 한 번뿐인 소중한 당신의 인생이다. 밥 프록터는 “목표는 매우 높아서 그것이 나를 설레게 하기도 하고 동시에 두렵게 만들기도 해야 한다”라고 말을 한다.

당신이 원하는 최고의 목표를 지금 당장 종이에 적길 바란다. 가장 설레고 가장 두렵게 만들어라.

성공의 법칙

1) 꿈과 목표를 명확하게 쓴다

목표를 적을 때 수단까지 명확하게 써야 한다.

2) 꿈 목록을 쓸 때는 주어를 명확하게 써라

"나는 베스트셀러 작가가 되었다"처럼 정확하게 주어를 적어야 한다.

주어를 적지 않으면 누가 소원을 비는지 알 수가 없다.

3) 꿈과 목표를 긍정형을 쓴다

뇌와 잠재의식은 부정형을 의식하지 못한다. 초등학교 입학을 둔 한 어머님이 절에 찾아가서 기도를 드린다. "우리 아이가 왕따를 당하지 않게 해주세요"라고 기도를 한다. 그러면 우주는 '어머님은 아들이 왕따가 되기를 원하는구나'라고 생각한다. 그래서 원하는 왕따를 주신다. 반대로 기도를 해야 한다. "우리 아이가 학교에서 친구들과 잘 지내게 해 주셔서 감사합니다"라고 반드시 긍정형으로 해야 한다.

나의 딸은 지금 8살인데 매일 자기 전에 기도한다. "우리나라에 전쟁이 일어나지 않게 해주세요"라고 하길래 딸이 이해할 수 있게 충분히 설명하니 그다음부터는 "우리나라가 항상 평화롭게 해 주셔서 감사합니다"라고 긍정형으로 기도를 바꾸는 걸 보았다.

4) 꿈과 목표는 손으로 직접 종이에 쓴다

조성희 대표님이 종종 하는 말이 있다. "적자생존." 적어야 산다. 나는 지금 천일기도를 하고 있다. "오늘도 좋은 일이 눈송이처럼 펑펑 내릴 거예요"라고 매일 남을 위해 기도를 하고 있다. 마음속으로 모든 사람에게 전달한다. 그러면 좋은 파장들이 일어날 거라 믿는다.

감사일기와 감사기도를 매일 예쁜 노트에 적고 있다. 천 일 동안 적기 위해 매일 밤 책상에 앉아서 적고 있다. 적는 동안에는 감사의 눈물이 자주 나곤 한다.

하루에 감사한 일 딱 3가지만 매일 적어보자. 반드시 좋은 일들이 펑펑 쏟아질 것이다. 쓰는 그것만으로도 오감이 자극되고 각인시켜준다. 키보드로 쓰는 것보다 글로 직접 쓰는 게 42% 목표 성장에 높다. 직접 손으로 쓰면 감각이 자극되고 잠재의식에 깊이 들어간다. 오늘부터 종이에 직접 글을 적어보자.

5) 꿈과 목표는 완료 형으로 쓴다

부자가 되고 싶다고 막연하게 적으면 안 된다. 이미 이룬 것처럼 완료 형으로 적어야 한다. 나는 100억 부자가 되었다고 적는다. 이미 이루어진 것처럼 느끼면 목표를 빨리 끌어당길 수 있다.

6) 꿈과 목표를 당연히 이루어진다고 생각하라

매일 밤 잠자리에 누워서 이미 꿈이 이루어진 것을 상상하라. 그러면 자는 동안 잠재의식이 꿈을 이루도록 생각을 만들어 줄 것이다.

7) 꿈 목록에는 기한을 명확하게 쓴다

"나는 2024년 1월 1일까지 백억 부자가 되었습니다"라고 명확하게 데드라인을 정해야 한다. "백억 부자가 되었습니다"라고 선언하면 언제인지 몰라서 백 년 뒤에 이루게 해줄 수도 있다. 그러니 반드시 데드라인을 정하라. 기한을 쓰면 가속할 수 있고, 우주는 제한이 없다.

8) 정해진 기한까지 실현되지 않으면 더 좋은 일이 일어날 것이라고 믿는다

우주에는 복리 이자가 있다. 잉태의 법칙으로 씨앗을 심으면 반드시 자라서 나타나게 된다. 3년 전에 데드라인을 정한 뒤에 백번 쓰기를 한 적이 있었다. 그런데 내가 원하는 게 이루어지질 않았다. 당연하다고 생각할 수도 있겠지만 복리 이자를 믿고 있었다.

만약 데드라인 안에 소원이 이루어지질 않으면 복리 이자로 두둑하게 준다고 하기에 믿고 기다렸다. 드디어 소원이 이루어졌다. 나는 1년 뒤에 이자를 두둑이 받았다. 믿고 기다렸는데 정말 주셨고, 기적 같은 일들이 벌어졌다. 더 좋은 일들이 일어날 것이다.

6 명상이 좋은 건가요?

"가만히 나를 들여다보는 시간이 필요하다."

성공한 사람들의 책을 계속 읽다 보면 공통으로 하는 말이 있다. 바로 명상이다. 명상에는 무슨 비밀이 있길래 성공한 사람들은 매일 명상을 하는 걸까? 궁금하기 시작했다. 그래서 나도 책에서 하라는 대로 명상을 해봤다. 한 번도 해보지 않았던 명상을 시작하게 된 것은 내 인생을 바꾸고 싶은 마음이 간절했기 때문이다.

처음에는 YouTube 명상을 따라 해보았는데 이상하게 집중이 잘 되지가 않았다. 그러나 '귓전명상 채환TV'에서 나오는 100일 명상은 할 수 있을 것 같았다. 그래서 나만의 100일 도전으로 명상에 들어갔다. 한때 100일 도전 열풍이 불었던 적이 있었다. 그래서 난 혼자서 도전을 시작했다. 처음에는 복식 호흡으로 시작하면서 명상에 집중하려고 노력을 했다.

하지만 몇 분이 지나자, '내가 뭘 하는 거지?'부터 시작해서 눈만 감고 오만 가지 생각을 했다. 어제 먹었던 밥도 생각나고, 사고 싶은 옷도 생각이 나고, 예전에 일어났던 모든 일이 생각나면서 집중을 할 수 없었다. 하지만 도전이기에 매일 같은 시간에 30분씩 명상을 했다. 20일 정도 지나자 조금씩 좋아지는 거 같았다. 이어폰에 흘러나오는 목소리에만 초집중했다.

조금씩 잡념이 없어지고 노랫소리와 채환 님의 목소리가 집중되어갔다. 60일이 지나니, 어색한 것도 조금씩 없어졌다. 80일 정도 되었을 때 채환 님이 나의 육신을 우주로 올라가라고 했다. 난 시키는 대로 상상을 했다. 내 몸이 점점 커져서 집보다 커지고 아파트보다 커지더니 산보다 높아지고 드디어 지구보다 높이 올라가서 우주에 닿았다. 우주에서 내려다보니 모든 게 보였다. 그때 바로 내가 운영하는 파스타 집이 보였다. 나와 신랑이 크게 싸우고 있었다. 너무 신기해서 우주에서 두 명의 모습을 지켜보았다. 처음으로 내가 나를 본 것이다.

그동안은 내가 나를 볼 일이 없었기에 내가 무엇을 잘못했는지 몰랐다. 그날은 나의 모습을 생생히 보았다. 내가 먼저 신랑에게 술을 먹이고 신랑을 괴롭히고 힘들게 하고 있었다. 나는 그동안 신랑이 실수했다고 착각하면서 살았다. 우주에서 나를 바라보는데 너무나 경악스러웠다. 잘못된 나의 행동을 보면서 한없이 소리 지르면서 울었다. 가슴이 너무 막막했고 숨을 쉴 수가 없었다. 1년 동안 신랑과 대화를 하지 않았는데 알고 보니 모든 게 내 잘못이라는 것을 명상을 통해 알게 된 것이다. 신랑에게 너무 미안해서 소리를 지르고 가슴을 두드리면서 한없이 울었다.

정말 신기한 경험을 한 뒤에 명상에 더욱 집중이 잘 되었다. 한마디 한마디에 귀 기울이면서 명상에 더욱더 깊이 빠져들게 되었다. 명상하면서 아주 많이 울었다. 언제까지 눈물이 나는지 너무도 궁금했다. 그래서 명상을 잘하시는 분들께 물어보니 눈물을 다 쏟아내야지 눈물이 나지 않는다고 한다. 그분들의 말을 믿고 다시 백일 명상에 들어갔다. 계속 울었다. 명상만 하면 눈물이 났다. 한없이 울고 200일이 지나자 마음이 너무 가벼워졌다.

신랑에게 나의 잘못을 말한다는 것이 여전히 힘들게 느껴졌다. 그래서 백일 명상을 또다시 하게 되었다. 그러다 보니 마음이 더 편해지면서 단단해지는 걸 느꼈다. 명상하고 난 뒤에 신랑에게 용기를 내어 사과했다. 신랑에게 진심으로 나의 잘못을 전했다. 너무 미안한 마음에 한없이 울었다. 계속 미안하다고 말을 했다. 신랑은 조용히 머리를 쓰다듬어주면서 "나도 미안해"라고 해주었다.

명상은 정말 기적이다. 모든 걸 치유해 주는 마법의 힘이 있다.

내가 명상을 알지 못했다면 아직도 철부지 어린아이였을 것이다. 깊은 생각을 하지 않고, 감정 조절도 할 수가 없었을 것이다. 예전에는 신랑이 화를 내면서 소리를 지르면 나도 같이 소리를 지르면서 싸웠다. 명상을 알게 된 후로는 신랑이 화가 나면 나는 바로 느낀다.

'화가 났구나! 얼마나 속이 상했으면 화를 낼까.'

내가 잘못을 했다고 생각을 바꾸게 된다. 싸움이 일어나면 많은 생각에 잠긴다. 무엇이 잘못된 것일까? 우선 그것부터 생각했다.

지금은 신랑의 말에 잘 경청한다. 과거에는 일단 나는 몸에 가시가 나 있는 것처럼 무슨 말만 하면 부정적으로 톡 쏘듯이 "아니야"라고 했다. 명상하고 난 후에는 신랑이 말을 하면 "아 그랬구나! 정말 좋은 생각이야. 역시 당신은 똑똑해 너무 대단하다"라는 말을 하게 된다. 그러면서 서로 대화가 잘 되었다.

과거에 나는 마음 그릇이 밥그릇 정도였을까? 살짝 바람이 불어도 담긴 물이 첨벙첨벙 흘러넘쳤다. 지금의 마음 그릇은 평온한 강가의 물 같은 느낌이다. 바람이 불고 큰 재난이 일어나도 물이 넘치지 않았다. 강가에 돌멩이를 던지면 물이 파장되어 둥글게 조용히 사라지는 걸 보게 된다. 이젠 나의 마음 그릇이 편안해졌다. 흥분이 잘 되지가 않고, 화가 없어지고 생각을 많이 하게 되었다.

지금은 내면 아이를 명상으로 치유 중이다. 어느 날 48년 만에 나는 명상으로 내면 아이를 만나러 갔다. 아주 오래전 어린 아이는 많이 아파하고 있었다. 명상하면서 처음으로 그 아이에게 다가가서 손을 잡았다. 어린아이가 나를 쳐다보고 있었다. 지금의 나는 어린아이에게 다가가서 "미안해! 내가 너무 늦게 왔지"라고 하자, 어린아이가 "괜찮아! 계속 기다리고 있었어"라고 하는 순간 나는 통곡을 하고 말았다. 거의 30분 동안 눈물이 멈추질 않았다.

그동안 나를 계속 기다리고 있었구나. 항상 눈을 감으면 내면의 어린아이가 보였다. 사실 두려웠다. 그 아이가 아픈 걸 알기에 다가가기가 더더욱 두려웠다. 지금은 자주는 아니지만, 가끔 그 아이를 만나러 간다. 우리가 만나서 친하게 포옹하면 모든 것이 평화로워지리라는 것을 확신한다.

명상은 나의 인생을 송두리째 바꿔주었다. 감사를 알게 해주고 마음에 안정과 평화를 알기 위해 주었다. 이젠 딸아이도 옆에서 함께 명상한다.

엄마는 아이들에게 거울이다. 내가 하는 모든 것을 따라 한다. 아이들에게 책을 읽으라는 말을 하기보다는 내가 먼저 책을 읽는 모습을 보여 주고 내가 운동하는 모습을 보여 준다. 명상하는 모습을 보여 주면 어느 순간 아이들도 따라 한다. 8살 딸은 명상, 책 읽기, 비전 보드, 긍정 확언, 감사일기, 감사기도, 이런 말들을 매일 쓴다. 내가 매일 아이들에게 했던 말들이다.

법정 스님에서 누군가가 물었다. "스님, 제 남편을 변하게 하고 싶습니다. 어떻게 할 수 있을까요?" 스님은 "네가 변하면 신랑이 변할 것이다"라고 말씀하셨다.

정답이었다. 내가 변하니 신랑이 변하고 아이들이 변하고 집안 환경이 변했다. 매일 술 마시는 모습은 사라지고 집안에서 함께 독서를 하고 함께 운동하고 함께 명상한다. 매년 첫날에 비전 보드를 함께 만든다. 이 모든 것이 나에게는 기적 같은 일들이다.

7 오늘 만나는 사람에 따라 꿈은 달라진다

멘토가 중요하다는 말들을 많이 듣게 되었다. 나는 책을 읽다가 "파리에서 도시락을 파는 여자"라는 켈리 최 회장님 책을 알게 되었다. 나도 요식업을 하고 있었고 초밥을 만들다 보니 회장님에 대해서 더 알고 싶어졌다. 우선 인스타 팔로우를 하고 계속 YouTube를 찾아보면서 회장님에 대해서 알아가게 되었다.

인스타에서 켈리 최 회장님은 멘티들을 위해서 끈기 프로젝트를 자주 하셨고 인증이 필요했다. 나는 SNS랑 완전히 거리가 먼 사람이었다. 컴맹에다 기계치였다. 그냥 카톡과 문자, 전화 정도만 알고 있었기에 인스타를 한다는 것은 너무도 힘든 일이었다. 그래도 뭐든지 변하고 싶었기에 인스타를 시작하였다.

회장님을 멘토로 여기고 그냥 시키는 대로 했다. 운동하라면 운동을 했고 책을 읽으라면 책을 읽었다. 회장님 인스타에서 복근 프로젝트 바디프로필이라는 도전이 있었다. 내 인생에서 바디프로필은 단 한 번도 상상하지 못 한 일이었다. 멘토님이 하라고 하니 그냥 따라 했다. 그러다 보니 꿈에 그리던 일들이 일어났다.

어느 순간 켈리 최 회장님 옆에서 포옹하면서 함께 바디프로필 사진을 찍게 되었다. 꼭 뵙고 싶었던 마음이 간절했는데 기적이 일어난 것이다. 난 포항에서 장사하니 회장님을 뵐 수 있을 기회가 전혀 없었다. 어느 날 바디프로필 사진을 찍을 사람 5명을 모집한다고 하길래 열심히 메일을 보냈고, 당첨되었다고 연락이 왔다. 혼자 가게에서 소리를 지르면서 춤을 췄다. 회장님의 실물을 보게 되었고 함께 바디프로필을 찍고 밥도 먹었다.

그 후에도 운이 좋게 켈리 최 회장님 YouTube에 출연까지 하게 되었다. 미니 코칭도 받았다. 회장님과 단둘이 3시간 동안 인터뷰하고, 많은 얘기를 했다. 인터뷰 중에 밀키트 파스타를 대폭 할인해서 주문을 받게 해 주셨다.

일주일 만에 5000개 주문이 들어 왔다. 유튜브는 11만 뷰까지 나왔다. 아무런 준비도 없이 엄청난 주문을 받은 것이다. 쉽게 생각하고 할 수 있겠다고 착각을 한 것이다. 직원과 아르바이트로 첫날 택배를 보내는데 겁이 났다. 주문이 5천 개인데 첫날 145개를 만든 것이다. 못해낼까 봐 무서웠다. 밤을 새우면서 엑셀 작업을 했고, 다음 달도 마찬가지로 버거웠다. 직원들과 아르바이트생들을 다 보내고 공장에서 엉엉 울었다. 무능력한 나의 모습을 보면서 한없이 슬펐다.

그날 밤 피디님께 "못 할 것 같습니다"라고 하고 주문을 내려 달라고 말을 했다. 그다음 날 새벽에 집을 나서는데 새벽 공기가 나를 기분 좋게 만들어 주었다. 왠지 모든 걸 다 할 수 있을 것 같은 느낌이 들었다. 피디님께 전화해서 끝까지 해보겠다고 다시 전했다. 평생 후회를 할 것 같았다. 여기서 포기하면 박물아가 아니다.

그날부터 직원과 아르바이트생 12명이 매일 공장을 돌렸다. 첫날 145개를 시작으로 셋째 날은 835개를 만들었다. 매일 쉬지 않고 2주 만에 모든 걸 다 만들었다. 몸무게도 4kg이 빠졌다. 끝까지 포기하지 않았기에 정말 감사했다. 회장님 덕분에 엄청나게 성장하게 되었다. 간절함이 우주를 움직이게 했다.

YouTube에서 메리츠자산운용 존 리 대표님을 알게 되었다. 주식의 멘토님이라고 생각하고 열심히 공부했다. 주식을 조금씩 하고 있었을 때 코로나19가 오게 되었다. 온 세상은 두려움에 떨고 있었다. 주식은 하락장이 되었다. 존 리 대표는 YouTube에서 나와서 절대 팔지 말고 보유하라고 계속 말을 했었다. 나는 또 멘토님의 말을 끝까지 믿어 보기로 했다. 그러다 보니 코로나19로 힘들어하는 국민에게 온 나라에서 돈을 풀기 시작했다. 그 돈들이 다시 주식 장으로 몰려가게 되었다.

주식은 다시 반등하고 계속해서 올라갔다. 내가 소유한 주식이 130% 수익이 나게 되었다. 역시 멘토가 있는 것은 감사한 일이다. 한참 주식 장이 좋았을 때 손절매해서 난 부동산으로 갈아탔다.

부동산에서의 멘토는 송 사무장님, 너나 위, 너바나님이었다. 열심히 부동산 강의를 들었다. 그해 부동산 3곳을 계약했다.

마인드 파워 스페셜 리스트라는 조성희 대표님도 마인드 멘토였다. 열심히 마인드 공부를 계속했다. 마인드 공부는 가장 중요하다고 개인적으로 생각한다.

김승호 회장님의 책을 읽으면서 가게를 계속 만들어 나갔다. 내가 술독에서 빠져나왔을 때 김새해 작가님의 YouTube가 나를 가장 많이 위로를 해주었다. 작가님이 읽으라는 책은 거의 다 사서 읽었고 밤마다 좋은 책 내용을 들었다. 작가님 덕분에 켈리 최 회장님을 알게 되었고 모든 멘토를 알게 되었다. 나의 인생에서 새로운 길을 알려 주신 귀한 분이다. 그러다 보니 김새해 작가님과 알게 되었고 함께 YouTube도 찍게 되었다.

멘토가 있다는 것은 우리에겐 지름길 같은 것이다. 너무도 감사한 멘토님들에게 다시 한번 감사 인사를 드린다.

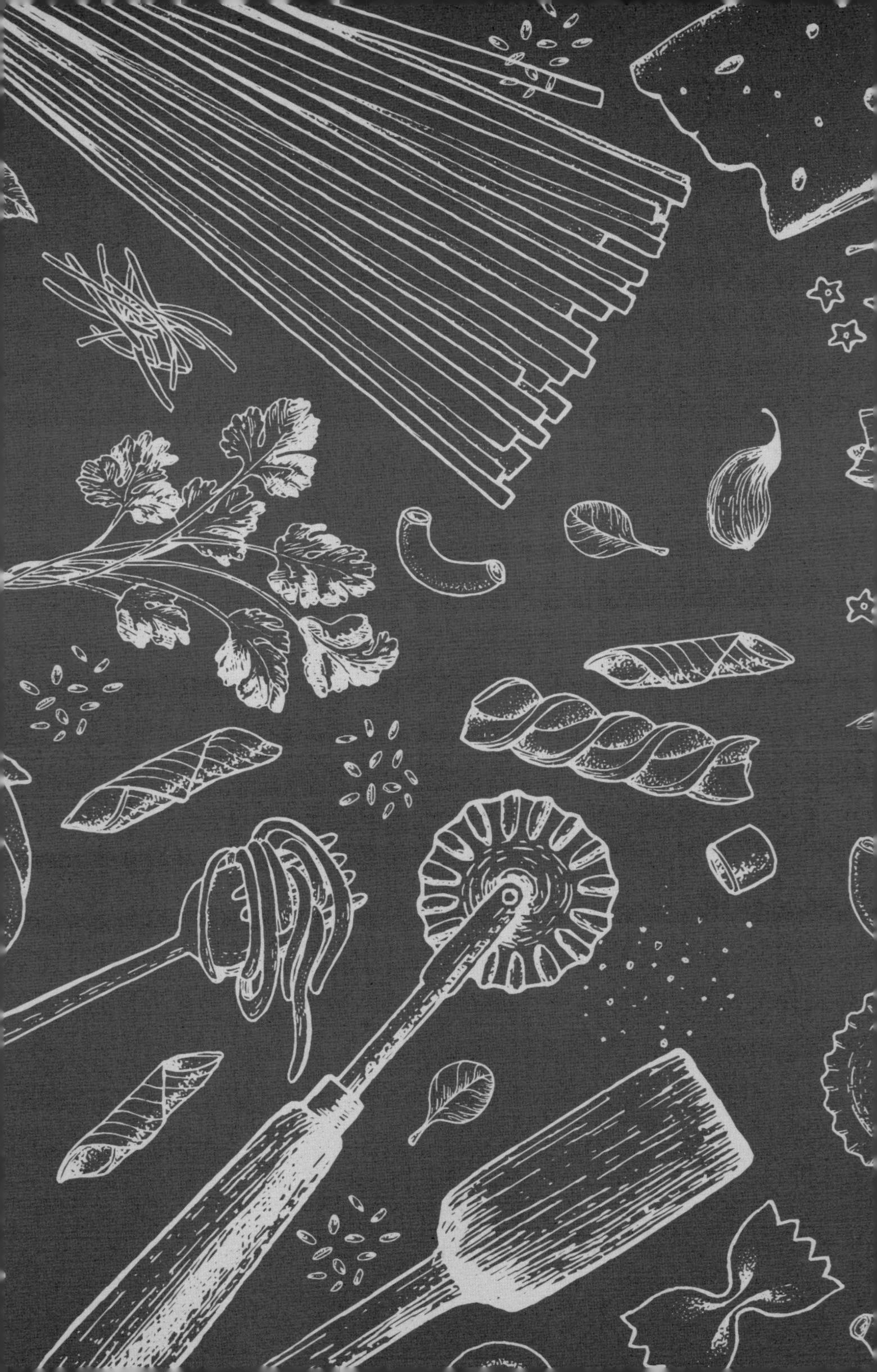

4장

월매출 1억의 신화

파스타 가게

1 하루에 3만 원 매출

"가게만 차리면 다 돈 버는 줄 알았다."

처음 내가 차린 가게 이름은 〈홈 파스타〉였다. 간판을 달았더니 사람들이 지나가면서 파스타가 뭐냐고 물었다. 13년 전만 해도 파스타 집이 많지 않아서 생소하게 여겼다. 그래서 간판을 크게 다시 바꾸고 〈스파게티 전문점〉이라고 했다.

어느 날 남편이 파스타 집을 차리고 싶다는 말을 했다. 나의 남동생이 포항에서 여러 가지 장사를 하면서 돈을 잘 버니 신랑도 장사하고 싶었나 보다. 우선 남편에게 먼저 혼자 내려가서 시작해보라고 하고 난 회사에 다니다가 명예퇴직 신청을 했다.

나도 그때는 호텔을 다니면서 장사를 하고 싶은 마음이 솔직히 있었다. 언제까지 누구 밑에서만 일할 수는 없는 노릇이고, 내 이름으로 된 가게를 하나 갖고 싶은 꿈은 누구나 있지 않은가? 그래서 부푼 꿈을 안고 우리는 가게를 시작했다.

그때 당시 서울에서 월세로 살고 있던 집도 정리하고, 명예퇴직금까지 넣어서 포항에 이름 모를 메뉴로 가게를 차리게 된 것이다. 꿈에 부풀어서 호기롭게 가게를 차렸지만, 하루 매출은 3만 원, 역시 꿈과 현실은 달랐다.

나는 호텔에서 일을 오래 했기 때문에 호텔 생활에 익숙해져서 혼자 할 줄 아는 게 없었다. 호텔에서는 전화만 하면 다 해결이 되었는데 내가 누군가의 불편한 부분을 해결해줘야 하는데 뭐부터 해야 하는지 몰랐다. 이렇게 내가 할 줄 아는 것이 없는 상태에서 가게를 시작했다.

큰 포부로 가게를 연 날, 3만 원을 겨우 팔고 그 주에는 남동생이 주위 사람들에게 홍보를 해줘서 10만 원을 겨우 넘기는 장사를 했다. 장사만 하면 손님이 들어오고 돈을 많이 버는 줄 알았는데 준비되지 않은 사람에게는 역시 아무 일도 일어나지 않았다. 장사가 뭔지도 모르고 그냥 음식 좀 할 줄 알면 장사를 한다고 덤비지 말아야 한다. “직장 때려치우고 장사나 하지”라고 쉽게 말할 수 없는 것이다.

장사를 하기 위해서 5살 된 아들은 서울 어머님 집에 맡기고 우리는 포항으로 내려왔다. 아들이 부모가 없으면 어떤 심정을 가지게 될 것을 알면서도 아들을 두고 간 것이다. 가게를 차리고 한 달에 한 번 쉬는 날이 서울에 올라가서 아들을 보는 날이다.

아들과 나에겐 최고로 행복한 하루였다. 하루는 너무도 빨리 지나갔다. 다음날 아들이 자고 있어서 포항으로 내려오기 위해 조용히 준비하고 있는데 뒤에서 5살 난 아들이 나를 껴안으며 “엄마, 나 안 울게. 조용히 기다리고 있을게”라고 하면서 입술을 꽉 물고 흐느끼고 있었다.

차마 뒤돌아볼 수가 없었다. 둘 다 헤어질 때는 너무도 힘들었기에 나도 눈물만 흘렸다. 이때 아들이 나에게 들려준 노래가 있다.

“엄마 뽕나무가 뽕하고 방귀를 뀌었는데 대나무가 때기 놈하고 말하니 참나무가 참으라고 말을 했대.”

“난 참나무처럼 엄마가 보고 싶어도 참으라 하면서 참고 기다릴게.”

5살 된 아이가 무얼 안다고 보고 싶어도 참는다고 말을 하는 걸까. 아들 입에서 이런 말을 들으니 차마 더 뒤돌아볼 수가 없었다. 나는 꼭 껴안고 “우리 아들 다 컸네”라고 하고 눈물을 삼키곤 했다.

어린 나이에 아이를 두고 장사하러 내려갔더니 아들도 나처럼 철이 빨리 들었다. 이렇게 한 번씩 포항으로 내려올 때마다 마음이 무너졌지만 나는 어떻게든 가게를 키워보겠다는 각오를 했다.

1년이 지난 뒤에는 어머님이 아들을 데리고 석 달에 한 번 포항으로 내려왔다. 어머님이 아들을 데리고 온다고 해서 터미널에서 기다리는데 한 아이가 버스에서 내리는 걸 보았다. 난 마음속으로 ‘저 아이는 우리 아들을 정말 많이 닮았네’라고 생각했다. 그런데 웬일인가 그 아이가 내 앞에 뛰어오더니 “엄마!”라고 하였다. 가끔 보다 보니 아이가 훌쩍 커버려서 내가 몰라본 것이다. 깜짝 놀라서 와락 껴안고 “미안해. 엄마가 바로 못 알아봐서”라고 했다.

이렇게 가고 있는 게 맞나? 뭔가 잘못되었다는 생각이 들었다. 나는 잠시 가게 문을 닫고 음식 연구를 다시 했다. 서울에서 오래 지내다 보니 입맛이 좀 변한 것 같았다. 그래서 다양한 레시피로 음식을 만들어서 친구들이 시식하게 했다. 내가 먹기에는 간이 되었는데 포항에 사는 언니들은 먹어 보니 싱겁다고 했다.

레시피를 다시 정리하고 파스타 한 종류를 10개씩 만들어서 먹어봤다. 계속 만들어서 테스트하고 버리기를 반복했다. 면이 배를 뚫고 나오는 느낌이 들 정도로 파스타 접시를 보고 고통스러움을 느꼈다.

음식은 개선이 되어가고 있었는데 이제 가게를 찬찬히 보니 가게 위치가 좋지 않았다. 좁은 골목에 휘어진 골목이라 멀리서는 가게가 보이지 않았다. 손님이 한 명도 들어오지 않았던 이유가 보이기 시작했다.

지금은 인스타나 페이스북, 블로그로 홍보를 하지만 13년 전만 해도 종이 전단지가 많이 있었다. 종이 전단지를 5천 장 주문해서 중심 거리로 나가서 지나가는 사람들에게 인사를 하며 전단지를 주기 시작했다. 하지만 돌아보면 바닥에 전단지들이 버려진 상태에서 밟히고 있었다. 지금은 쓰레기를 함부로 버리지 않지만, 그때만 해도 길바닥에 버리는 일이 아주 많았다. 한겨울에 떨면서 전단지를 돌리는데 핸드폰을 파는 직원이 나에게 말을 걸었다.

"전단 아르바이트생 추운데 힘들지. 전단지 나한테 다 주고 좀 쉬다가 들어가. 사장은 모르니깐 전단은 내가 버려 줄게."

전단 아르바이트를 맡겨도 홍보가 되지 않은 이유가 여기 있었다. 그래서 길에서 시식 행사를 시작했다. 가게에서 신랑이 음식을 만들어 주면 우체국 앞에서 테이블 한 개를 두고 종이컵에 음식을 담아서 홍보했다. 음식 장사의 첫 번째는 공짜로 먹어봐야 한다는 것이다.

2 사진 한 장으로 시작된 파스타 맛집

"맛있는 집을 알려드리고 싶어서 글을 남긴다."

우체국 앞에서 시식하는데 오래전부터 떡볶이를 파는 사장님이 계셨다. 그 사장님이 소리를 지르면서 욕을 했다. 남의 가게 옆에서 뭐 하냐고 화를 내셨다. 먼저 자리를 잡은 분이라는 이유로 텃세를 부린 것이다. 욕을 얻어먹으면서 시식을 끝냈다.

그래도 손님은 없어서 가게 문 앞에서 마네킹처럼 서 있었다. 지나가는 모든 사람에게 90도로 인사를 했다 사람들이 물었다.

"왜 인사를 해요?"

“가게를 개점해서 인사를 드립니다. 고맙습니다.”

가끔 나의 인사에 감동하여서 들어오시는 분도 계셨다. 그렇게 하나둘 나의 인사를 받아주신 분들은 고객이 되어 주셨다. 한 번에 많은 분이 아니라 한 분 한 분을 나의 고객으로 만들기 위해 노력했다.

어느 날 두 분의 손님이 오셨다. 손님이 없을 때라 나는 손님들과 대화를 많이 했다. 나의 경력부터 포항에 내려오게 된 이유를 설명하곤 했는데 마침 오신 손님들도 대구에서 포항으로 이사를 왔다고 했다.

음식을 드시더니 이렇게 맛있는 파스타 집이 왜 장사가 안되냐고 물어보셨다. 가게 위치가 좋지도 않고 홍보를 어떻게 하는지 모른다고 했다. 두 분은 맛있게 먹었다고 하면서 다시 오겠다고 하셨다. 며칠 후 두 분이 큰 카메라를 들고 가게에 다시 오셨다. 여전히 손님은 없었기에 열심히 가게 사진을 찍고 음식이 나올 때마다 사진을 멋지게 찍어주셨다. 우리는 영문도 모른 채 그냥 쳐다만 보았다.

손님들이 가시고 며칠 후 가게에 큰 변화가 찾아 왔다. 두 분이 찍은 사진을 '포항 경주 맛집'이라는 블로그에 올린 것이다. 이분은 블로그를 잘 아시는 분이셨다. 난 컴맹이라서 사실 블로그가 뭔지도 모를 때였다. 사진을 너무 잘 찍었고 음식에 대한 설명을 상세하게 적어서 그런지 순식간에 댓글이 거의 1000개가 달렸다.

댓글을 읽어보니 당신은 이 식당 주인과 관계가 어떻게 되냐며 식구라도 되느냐는 물음을 남겼다. 왜냐면 댓글을 다는 분들에게 모두 친절하게 답글을 다 남겨 주고 있어서 댓글 다는 아르바이트생이거나 식구라고 생각을 한 것이다.

"아니요. 전 손님입니다. 맛있는 집을 알려드리고 싶어서 글을 남긴 것입니다."

정말 귀인이 나타난 덕분에 3만 원을 팔다가 순식간에 70만 원은 팔게 되었다. 적응을 할 수 없는 금액이었다.

그때쯤 나는 서울에서 포항으로 이사를 하기 위해 이삿짐 차를 타고 포항으로 오고 있을 때였다. 가게가 난리가 났다는 전화에 서울에서 내려오신 처음 보는 이삿짐 사장님에게 집에 가서 짐을 알아서 넣어달라고 요청을 하고 나는 가게로 뛰어갔다. 가게는 전쟁통이 되어 있었다.

손님이 너무 많아서 무엇부터 해야 할지 몰랐다. 닥치는 대로 정신없이 일했다. 3일 동안 70만 원 정도 팔았다. 그렇게 홍보가 되어서인지 매출이 조금씩 안정이 되어갔다. 사진을 찍어서 블로그에 올린 고객님이 가게에 손님이 많은 것을 보고 흐뭇해하셨다. 진심으로 감사한 고객이셨다.

그 후 장사를 하고 처음으로 100만 원을 팔았던 날은 잊을 수가 없다. 하루 매출이 100만 원이 되었을 때 세상을 다 가진 느낌이었다. 아르바이트생들을 모두 데리고 횟집에 가서 가장 비싼 요리를 주문하고 술을 진탕마셨다. 이제 부자가 되는 듯이 너무 행복했다.

1년 이상 신랑과 나는 쉬는 날 없이 계속 가게를 운영했다. 신랑이 너무 고생이 많아서 일주일 휴가를 줘서 서울에 있는 아들을 보러 가게 했다. 그때 내 몸이 좀 이상했다. 병원을 가서 보니 임신이라고 했다. 전혀 예상하지 못한 일이었다. 아직 자리를 잡지도 못하고 사는 곳도 원룸인데, 서울에 있는 아들도 못 보고 있었는데 임신이라니 축복받지 못한 아이가 찾아 왔다.

신랑의 빈자리를 아르바이트생이 열심히 채워 주었다. 계속 바빠서 거의 날아다니다시피 했다. 신랑이 돌아온 뒤에 병원에 검진을 받으러 갔는데 아이의 심장 소리가 들리지 않았다.

내가 축복해주지도 않고 너무 열심히 일만 하다 보니 아이는 뱃속에서 숨을 쉬지 않고 조용히 있었다. 정말 미안하고 마음이 아팠다. 신랑 품에 안겨서 한참을 울었다.

조금씩 가게는 안정적으로 운영이 되어갔다. 지금 생각해도 그때 어떻게 했는지 정말 대단한 열정이었다. 얼마 전에 유튜브에 나가서 인터뷰한 적이 있었다. 하루에 3만 원을 팔고 아들은 떨어져 있었는데 왜 가게를 그만두지 않았냐고 질문을 주셨다. 나는 한마디로 대답할 수밖에 없었다.

"더 돌아갈 곳이 없었습니다."

여기가 마지막이었고 갈 곳이 없었기에, 간절하였기에 안간힘을 썼다고 인터뷰를 했다. 지금도 나는 새로운 도전을 할 때 더 돌아갈 수 없게 나를 끼워 넣는다. 그러면 무조건 몸이 하게 된다. 그리고 움직이면 좋은 사람 덕분에 또 살아가게 된다.

3 최초이거나 최고이거나

내가 운영하는 파스타 가게에 초밥 메뉴를 넣었다. 파스타에서 무슨 초밥이냐고 생소하겠지만, 나는 우리나라 여성 최초 초밥 요리사이다. 90년대에는 우리나라에 여성 초밥 요리사가 전혀 없었지만, 일본에서는 여성 초밥 요리사가 한참 인기가 있을 때였다.

호텔에서 근무할 때 조리 상무님이 호텔에 여성 초밥 요리사를 만들자고 제안을 했고 내가 발탁된 것이다.

양식당에서 나는 채소를 뜯고 디저트를 만드는 일을 했는데 나보고 전혀 모르는 초밥 요리사가 되어야 한다고 하니, 포항에서 서울로 올라간 아무것도 모르는 촌닭이 어리둥절해서 눈물이 났다. 남들은 편하게 직장 생활 하는 것 같은데 왜 자꾸 나한테만 이런 일을 주는 걸까? 그리고 이제 겨우 친했던 동기와 선배님을 떠난다는 생각에 어린 나는 슬프고 무서웠다. 그래도 나는 직장을 다니는 직원이라 호텔에서 하라는 대로 따라야만 했다.

23살 어린 나이에 초밥 요리사가 되기 위해 스파르타교육에 들어갔다. 매일 생선 잡는 주방에서 종일 생선만 잡았다. 방어나 참치는 나의 키보다 더 크고 무거웠다. 머리부터 발끝까지 유니폼과 조리 모자에는 온통 피가 튀어 있고 온몸에는 피비린내가 진동했다.

락커 문을 열면 마치 건어물 가게에 들어간 듯 비린 냄새가 났다. 어느 날 퇴근을 하고 바빠서 샤워를 못 하고 버스를 탄 적이 있다. 내 몸에서 비린내가 났는데 그것도 잊고 난 생각 없이 버스를 탄 것이다. 그때가 봄이라서 버스 창문이 열려 있었다. 손잡이를 잡은 나의 손가락으로 살랑살랑 바람이 불어왔다. 아주 기분 좋게 봄바람을 느끼고 있는데 나의 주위의 모든 사람이 순간 사라졌다. 알고 보니 손과 몸에 있던 비린 냄새가 봄바람에 퍼져 주위 사람들이 도망간 것이다.

그때 얼마나 얼굴이 빨개지고 민망했는지 평생 잊지 못한다. 아무리 바빠도 꼭 샤워하고 퇴근해야 한다는 것을 이때 배웠다.

그렇게 6개월을 생선 잡는 방법을 배우고 일식 뷔페에서 초밥을 전문적으로 배웠다. 아침에는 생선을 잡고 점심, 저녁 장사에는 초밥만 만들었다. 주말에는 하루에 천 명 이상 손님이 방문했고 혼자서 초밥을 만들어 드렸다. 나는 초밥을 만들면서 상상했다.

마라톤을 시작했는데 우선 내가 먼저 출발을 했고 나머지 천 명이 나를 따라서 온다. 그들은 무서운 속도로 나를 따라온다. 여기서 지면 큰일이다. 내가 지면 천명의 손님들은 초밥을 드시지 못하고 기다려야 한다. 기다리는 손님들이 나만 쳐다보고 있으면 초밥을 만드는 게 더더욱 부담되었다. 그래서 나는 항상 마라톤을 한다고 여기고 내가 항상 선두에 있어야 한다는 생각에 손은 더더욱 빨라졌다.

주말에는 손님이 많아서 점심 장사를 두 번, 저녁 장사를 두 번 열었다. 점심 1부에 드시는 손님들은 1시간 30분이 지나면 모두 나가야 한다. 그러면 우리에게 남은 시간은 10분이다. 10분 만에 모든 음식을 다시 만들어서 세팅해야 한다. 10분이 지나고 문이 열리면 250명 고객이 한 번에 입장한다. 멀리서 그걸 지켜보고 있으면 쓰나미가 밀려오듯 긴장이 된다. 주먹을 꽉 쥐고 다시 선두에 서서 달릴 준비를 한다. 이번 시합에도 내가 1등을 반드시 해야 한다. 준비 땅!

그렇게 3년을 뷔페에서 일하다가 일식당 하코네 초밥 바로 옮기게 되었다. 호텔 상무님이 나를 부르셨다. 이제는 사투리도 쓰면 안 되고 화장도 항상 깔끔하게 해야 한다고 했다. 포항에서 20년을 살다 보니 사투리를 버리기가 힘이 들었다. 입에 볼펜을 물고 일명 서울말이라는 걸 공부했다.

초밥 바에서 과장님이 나를 회장님들께 소개했다. 호텔에서 처음으로 여자 초밥 요리사를 세웠다고 하면서 회장님들께 말씀을 드렸다**(호텔 일식당 초밥 바는 VIP 그룹회장님들이 거의 오신다)**.

처음 소개를 받은 회장님이 버럭 화를 내면서 "감히 어디서 경력도 없는 여자가 초밥을 만들어! 당장 나가"라고 하셨다. 나는 너무 놀라서 가만히 서 있었다. 뒤 주방에 계시는 선배님들이 놀라서 나를 데리고 나갔다. 그때의 기억이 생생하다.

호텔에 조리사가 200명이 넘었는데 여자 요리사는 10명도 되지 않았다. 여자 요리사가 메인이 되어서 하는 일은 별로 없었다. 지금은 상황이 전혀 달라졌다. 얼마 전에 호텔에 가서 인사를 드렸는데 여자 요리사들이 많이 보이고 나의 동기 여자들이 지금은 대장이 되어 있다. 글을 쓰다 보니 세상이 많이 변하고 있다는 것이 느껴진다.

소심해진 나는 조용히 시키는 일만 했다. 그렇게 시간이 좀 지나자 회장님들이 나를 좀 편하게 대해 주셨다. 내가 초밥을 몇 초 만에 만들어 주니 소리를 지르시고 회장님들 반응이 점점 좋아지셨다. 여자가 만들어 주니 더 깔끔하고 꼼꼼한 거 같다고 칭찬해 주셨다.

첫날 나에게 화를 내셨던 회장님이 항상 오시면 나에게 초밥을 주문하셨다. 조금씩 나의 인기가 높아지고 있었다. LG 회사인 호텔을 다니다 보니 구 회장들과 허 회장님들이 자주 오셨다. 구 회장님들이 나를 참 예뻐해 주셨다. 나에게 미스 박이 해주는 초밥만 먹겠다고 하시면서 좋아해 주셨다. 회사에서 여성 초밥 요리사를 만든 것은 성공적이었다.

초밥 바에는 외국인들도 많이 왔다. 그래서 난 매일 새벽마다 강남에 있는 영어학원과 일본어학원 두 곳을 다녔다. 열심히 일을 한 뒤, 밖에 나가서 술을 마시고 새벽에는 또 학원으로 갔다. 학원이 끝나면 바로 출근을 했다.

나이가 어려서인지 힘든지도 몰랐고 열심히 마시고, 열심히 일하고, 열심히 공부했다. 그때는 몸은 힘들어도 그냥 모든 게 재밌고 즐거웠다.

초밥 바에 일본인 손님이 오셔서 초밥을 해드렸다. 일본어가 조금 되다 보니 손님과 대화를 많이 했다. 일본 손님이 이야기하길, 일본에도 여성 초밥 요리사가 아주 인기가 많다며 정말 대단하다고 하면서 앞으로 열심히 하면 아주 잘 될 것이라고 응원해 주셨다. 말 한마디가 아주 큰 힘이 되었고 더 열심히 해야겠다는 생각도 들었다.

우리 호텔에서 여성 초밥 요리사가 생기자 롯데호텔, 신라호텔에서도 여성 초밥 요리사가 생기기 시작했다. 중앙일보 신문에도 나올 정도로 기사가 되었다.

지하철에서 사람들이 신문을 보는데 내 얼굴이 대문짝만하게 나와서 신기했고 호텔에서 나는 홍보 사진에 자주 나왔다. 나는 우리나라 여성 최초 초밥 요리사 타이틀을 달았다. 나는 신이 나서 더 열심히, 더 충성하면서 일을 했다.

15년 동안 회사 생활을 하면서 최선을 다하고 마지막 퇴사하는 날까지 근무를 했다. 다른 분들은 미리 휴가 처리를 하고 떠났는데 나는 끝까지 첫날 출근한 마음으로 일을 마무리했다. 호텔 지하 2층부터 34층까지 돌아다니면서 인사를 드렸다. 그러다 보니 나는 직원들에게 항상 마무리가 중요하다고 종종 말을 한다. 떠나는 모습이 아름다워야 사람들은 오래 기억해 준다.

4 파스타 집에서 초밥을 판다

"창조는 새로운 것이 아니라 mix 하는 것이다."

나의 전공인 초밥을 파스타 가게에 접목시켰다. 그것도 생선이 아니라 고기 초밥으로 조합을 만들어서 나갔다. 한마디로 대박이 났다. 파스타 집에 고기 초밥이라니, 손님들의 반응이 뜨거웠다. 육회 초밥은 내가 호텔에 있을 때 최초로 만들어 보았다. 상무님이 테스트를 해보시더니 너무 좋다고 상품화되었던 초밥이다.

포항에서도 육회 초밥은 선풍적인 인기였다. 그러다 보니 입소문이 나기 시작했고 가게에 손님이 많아지기 시작했다. 테이블이 8개였는데 매일 웨이팅을 1시간씩 해야 했다. 손님들은 전화번호를 쓰고 기다리기 위해서 코인노래방에 가셨다.

노래를 부르다가 전화가 오면 식사를 하러 오셨다. 가게 위치가 그나마 시내 뒷골목이었기에 가능했었다.

가게는 날개를 달 듯이 성장했다. 기다리는 손님들이 슬슬 화가 나서 욕을 하기 시작했다. 너무 오래 기다리니 배가 불렀다는 등... 초심이 없어졌다는 등... 기다리다 보니 힘들어서 화를 내셨다.

그때 바로 앞 가게가 손님이 없어서 계속 문이 닫혀 있던 상황이었다. 앞 가게 사장님께 전화해서 가게를 인수하겠다고 하니 권리금을 2천만 원을 달라고 했다. 가게가 장사가 안되어서 문을 닫고 있는데도 권리금을 요구했다. 일단 만나서 얘기를 나누자고 했다. 사장님은 2천만 원, 나는 5백만 원을 제안했다. 앞집 사장님은 깎을 걸 생각해서 높게 부르고 나는 높일 생각에 낮게 부른 것이다. 사장님은 말도 안 된다고 했지만 결국 7백만 원에 가게를 인수하고 공사를 다시 했다.

바로 앞 가게 또한 초대박 집이 되었다. 하루에 3만 원을 팔던 가게가 한 달 매출이 8,000만 원이 되었다. 한마디로 대박집이다.

난 더 무서울 것이 없었다. 내가 하면 모든 게 성공한다는 자부심이 하늘을 찔렀다. 좁은 골목에 있는 모든 가게를 인수해 '물아 도로'라는 간판을 달아서 나만의 식당 골목길을 만들 생각까지 했다.

당장 서울로 올라가서 홍석천 님을 만나러 갔다. 한참 이태원에서 홍석천 님의 가게가 인기가 많을 때였다. 가게마다 돌아다니면서 먹어 보고 유심히 살펴보았다. 다행히도 홍석천 님이 계셔서 함께 대화를 나누었다. 나도 당신처럼 포항에서 나의 거리를 만들겠다고 선언을 했다.

그리고 나는 본점 위층에 홈 차이나를 만들었다. 12년 전에 20평 정도의 2층 건물에 1억 이상을 투자해서 가게를 만들었다. 짜장면 연구를 많이 했다. 대부분 중식 요리는 하는 사람에 따라 맛이 달랐다. 나는 정형화된 레시피를 만들고 싶었다. 맥도날드에 가면 아르바이트생이 만들어도 똑같은 맛이 나오듯이 그런 짜장면을 만들고 싶었다.

중식 요리를 하는 동기들이 많았다. 서울에서 포항까지 내려와서 중식 요리를 가르쳐주고 레시피를 정리해 주었다. 포항에서 중식 요리를 10년 이상한 동생을 불러서 함께 레시피를 만들었다. 짜장면에 들어가는 양파의 양도, 설탕 한 톨도 레시피를 만들었다. 누구나 중화요리용 팬을 돌리는 기술만 습득하면 만들 수 있는 레시피를 만들었다.

중식당은 가볍게 먹는 공간이라서 실내장식에 신경을 많이 쓰지 않았었는데 나는 2층 건물 창문에 접이문으로 모두 바꾸고 중식당 느낌이 아닌 멋진 카페의 느낌으로 실내장식을 했다. 완벽한 실내장식에 완벽한 중식 레시피를 만들었다.

파스타 집에서 초밥을 팔았는데 중식당에서는 피자를 팔았다. 다소 엉뚱한 생각이었지만 먹혔다. 1층은 파스타에 초밥을 팔고 2층에서는 짜장면에 피자를 팔았다. 1, 2층 손님들은 한 분은 파스타를 드시고 한 분은 짜장면을 드셨다. 추가로 초밥이나 피자를 드셨다.

가게 3개를 동시에 돌리면서 하루에 800만 원까지 매출이 올라왔다.

크리스마스 때 아버님이 3개의 가게 사이에서 대기자 명단을 받으셨다. 대기자가 200팀 정도 되었다. 아버님은 손님들이 떠날까 봐 아버님 주위에 백 명 가까운 손님을 잡고 계셨다. 곧 자리가 난다고 하면서 떠나지 못하게 하셨다. 아버님은 주방으로 뛰어 들어오셔서 "언제 자리가 나니 밖에 너무 많은 분이 계셔"라고 말씀하셨다. 세 군데 주방에서 정신없이 음식을 만들었다.

결국, 모든 대기자를 다 받았고 하루가 끝났다. 마지막 손님이 가게를 나가고 난 뒤에 모두 지쳐서 그냥 바닥에 주저앉았다. 가게는 아주 작았지만, 직원만 20명이었다.

'나는 만들기만 하면 대박이 나는구나'라는 생각이 들면서, 자신감이 하늘을 찔렀다. '이제 홈스시를 만들어야지' 하면서 모든 계획을 세웠다. 하지만 영원한 것은 없었다. 주위에 프랜차이즈 가게들이 많이 들어오면서 서서히 매출이 줄기 시작을 했다. 직원들이 할 일이 없어지고 가게는 조용해졌다.

본점 앞 가게는 결국 문을 닫고 창고로 쓰게 되었다. 홈차이나 중식당은 직원 2명이 그만두는 바람에 임시휴무에 들어갔다. 가게 앞에 '임시휴무'라고 적혀 있었는데 영원히 휴무가 되었다. 빌린 돈만 고스란히 남았다. 세상을 다 가진 줄 알았지만, 결국 내 손에는 영원한 건 없었다.

직원들은 떠나고 소수의 직원만 남게 되었다. 빚만 남고 자존감은 내려갔다. 너무 거침없이 앞만 보고 달렸다. 다시 나를 뒤돌아보게 되는 시간이 되었다.

5 손님을 다시 오게 하는 방법

"장사의 본질은 손님이 다시 매장을 오는 것이다."

파레토 법칙은 경제학자 빌프레도 파레토(Vilfredo Pareto)가 이탈리아 사회를 분석하면서 발견한 경험적인 법칙이다. 그는 이탈리아의 부유층인 소수가 대부분 부동산과 자산을 가지고 있다는 것을 관찰하면서 이 법칙을 발견하게 되었다.

파레토 법칙은 "어떤 일이나 현상에서 20%의 원인이 전체 결과의 80%를 결정한다"이다.

이러한 원리는 경영학, 마케팅, 생산성 증대, 개인의 업무 및 생활 관리 등에서 적용될 수 있다. 예를 들어, 회사에서는 전체 업무를 20%의 핵심인력에게 집중시켜 생산성을 높일 수 있으며, 마케팅에서는 수익성이 높은 20%의 제품에 집중하여 판매량을 늘리는 전략을 세울 수 있다. 또한, 개인의 업무나 생활에서도 가장 중요한 20%의 일에 우선순위를 두어 효율적으로 관리할 수 있다.

장사의 본질은 손님이 다시 매장을 오는 것이다. 식당에 들어갔을 때 직원들이 인사를 잘해주고 음식까지 맛있으면 그 고객은 다음에도 재방문할 확률이 높다. 매출이 줄었다는 얘기는 찾아 왔던 손님이 재방문하지 않았다는 뜻이다. 음식 장사에서 성공하는 것은 맛이 30%이고 나머지 70%는 가게 분위기다. 손님의 발자취가 많이 느껴지는 곳을 만들어야 한다.

예를 들어 처음 가는 지역에서 A 가게에는 손님이 많고 B 가게에는 손님이 없으면 대부분이 A 가게를 가게 된다. 이것이 바로 손님의 발자취인 것이다.

가게 만의 발자취를 무조건 만들어야 한다. 파레토의 법칙처럼 20% 손님들이 매출을 올려준다. 13년 장사를 하면서 파레토의 법칙을 알게 되었다. 처음 오픈했을 때 오셨던 손님들이 아직도 가게에 오신다. 그 한 분 한 분 덕분에 지금까지 장사할 수 있는 것이다.

6 훔칠 수 없는 것

“본인이 만든 것이 아니면 오래 살아남을 수 없다.”

잘나가던 가게는 다 없어지고 본점 한 개만 남았다. 가게가 잘 되었을 때 외제 차로 바꾸고 좋은 것만 누렸다. 참 어리석은 짓을 했었고 잠시 찾아온 행복이었다. 초심을 너무 잃어버린 것이다.

새로운 직원을 구했는데 온몸에 문신이 있는 남자였다. 문신이 있었지만, 매우 성실하고 일을 잘했다. 집안 사정도 어려워서인지 가게에 충성하는 직원이었다. 남자직원의 여동생도 고등학교를 졸업하고 우리 가게에 취직하게 되었다. 남매가 집안이 어렵다 보니 정말 열심히 일했다. 남자직원이 일을 잘하고 성실해서 많이 의지하고 믿었다.

나는 그때 둘째를 임신한 중이라서 내가 해야 할 일들을 많이 위임했었다. 둘째를 낳으러 들어가면서 남자직원이 가게를 잘 운영해 주었다. 3개월이 지난 뒤에 가게에 출근했는데 다른 직원들이 이상한 소리를 나에게 했다.

내가 없는 동안 일하던 두 남매가 일이 끝나면 모두 퇴근을 한 뒤에 다시 가게로 돌아온다고 했다. 본점 앞 가게에는 창고이다 보니 술이 항상 쌓여 있었고 냉장고에는 새우부터 한우 쇠고기까지 모든 식자재가 있었다. 창고로 쓰던 곳에 CCTV가 고장이 나 있던 상태였다. 남매는 퇴근 후에 친구들을 모두 불러서 앞 가게에 들어가서 매일 밤 술 파티를 했다고 한다. 술은 항상 있고 비싼 재료들이 가득한 공간이다. CCTV가 없으니 전혀 알 수가 없기에 마음껏 즐겼다.

모든 내용을 들었지만 두 남매가 우리 가게에서 큰 인재들이라서 알고도 모르는 척하고 지냈는데 그동안 고양이에게 생선을 맡긴 것이다. 어느 주말에 엄청 바쁜데 남자직원이 계속 보이지 않았다. 한참 뒤에 주방으로 들어와서 어디 갔냐고 물어봤더니 화장실에 갔다왔다고 건방지게 말을 했다. 바쁜 데 자리를 지키라고 하니 갑자기 욕을 했다. 그러고는 유니폼을 벗어서 던지고 신발을 던지더니 동생을 데리고 욕을 하면서 나갔다. 너무 화가 끌어 올랐다. 손님은 꽉 차고 웨이팅까지 있었는데 동생을 데리고 그만둔다고 나간 것이다.

나도 밖으로 뛰어나가서 소리를 질렀다. 그동안 너희가 훔쳐 간 거 다 알고 있으니 기대하라고 하면서 주방에 다시 돌아왔다. 남아 있는 직원들과 꾹꾹 참으면서 음식을 만들었다.

경찰서에 가서 말을 하니 증거가 없으면 오히려 무고죄로 내가 역고소를 당할 수 있다고 했다. 너무 억울해서 속상했다. 큰소리는 쳤고 당한 게 억울해서 억장이 무너지는 것 같았다. 신랑 친구가 민사소송을 해보라고 조언을 해주었다. 자료를 준비하고 직원들의 말을 녹음했다. 그동안 자료를 준비해보니 1,000만 원 정도의 손해배상금이 나왔다. 법원에 민사소송을 넣었다.

두 남매는 우리 가게 레시피를 이용해서 파스타 가게를 만들었다. 그동안 나갈 준비를 한 것이다. 둘 다 월급을 받으면 쓰지 않고 돈을 모으고 레시피를 잘 모아서 가게를 차릴 준비가 끝이 났는데 내가 뭐라고 하니 얼씨구나 하고 나간 것이다. 두 남매에게 법원에서 송장이 나갔다. 다음날 남매는 가게로 찾아와서 울면서 무릎을 꿇고 용서해 달라고 했다.

또 마음이 약해져서 돈을 깎아주고 매달 100만 원씩 받겠다고 약속했다. 지금도 남매는 본인들 가게에서 열심히 일한다. 이제는 용서가 되었다. 젊은 친구들이 열심히 잘 살았으면 좋겠다. 남매들도 무언가 깨닫기를 바란다.

2호점에서 직원을 한 명 구했다. 요리한 지 얼마 되지 않아서 최선을 다해 가르쳤다. 기본적인 칼질하는 방법부터, 가게 요리법과 파스타 만드는 방법을 자세히 알려 줬다. 3개월이 지난 어느 날 교통사고가 났다는 전화 한 통이 왔다. 사고가 나서 몸이 불편하니 그만두겠다고 했다.

열심히 가르치면서 모든 노하우를 알려주었다. 그런데 갑자기 그만둔다고 해서 알겠다고 했다. 그러고 얼마 안 되어서 그만둔 직원이 본점 근처에 파스타 집을 차렸다. 직원 아빠 건물이 본점 근처에 있었는데 거기에 파스타 가게를 개점했다. 사람들이 홈파스타와 똑같은 가게가 생겼다고 했다.

직원들이 가게 레시피를 몇 번 훔치고 나니 나도 진화가 되었다. 레시피를 다시 수정하고 더는 레시피를 도용할 수 없게 하였고 덕분에 시스템이 잡히었다. 직원들이 있어서 가게가 잘 운영이 되지만 직원들로 인해 받은 스트레스도 만만치 않았다. 그래서 장사하는 사람 똥은 개도 안 먹는다는 말이 있나 보다.

속이 시커멓게 썩어들어간다. 2호점 직원이 자신의 가게를 차린 지 1년이 지나서 결국 문을 닫았다. 본인이 만든 것이 아니면 오래 살아남을 수 없다는 걸 나는 알고 있었다. 그 직원도 많은 걸 깨달았을 것이다.

5장

다시 해보는

외식사업

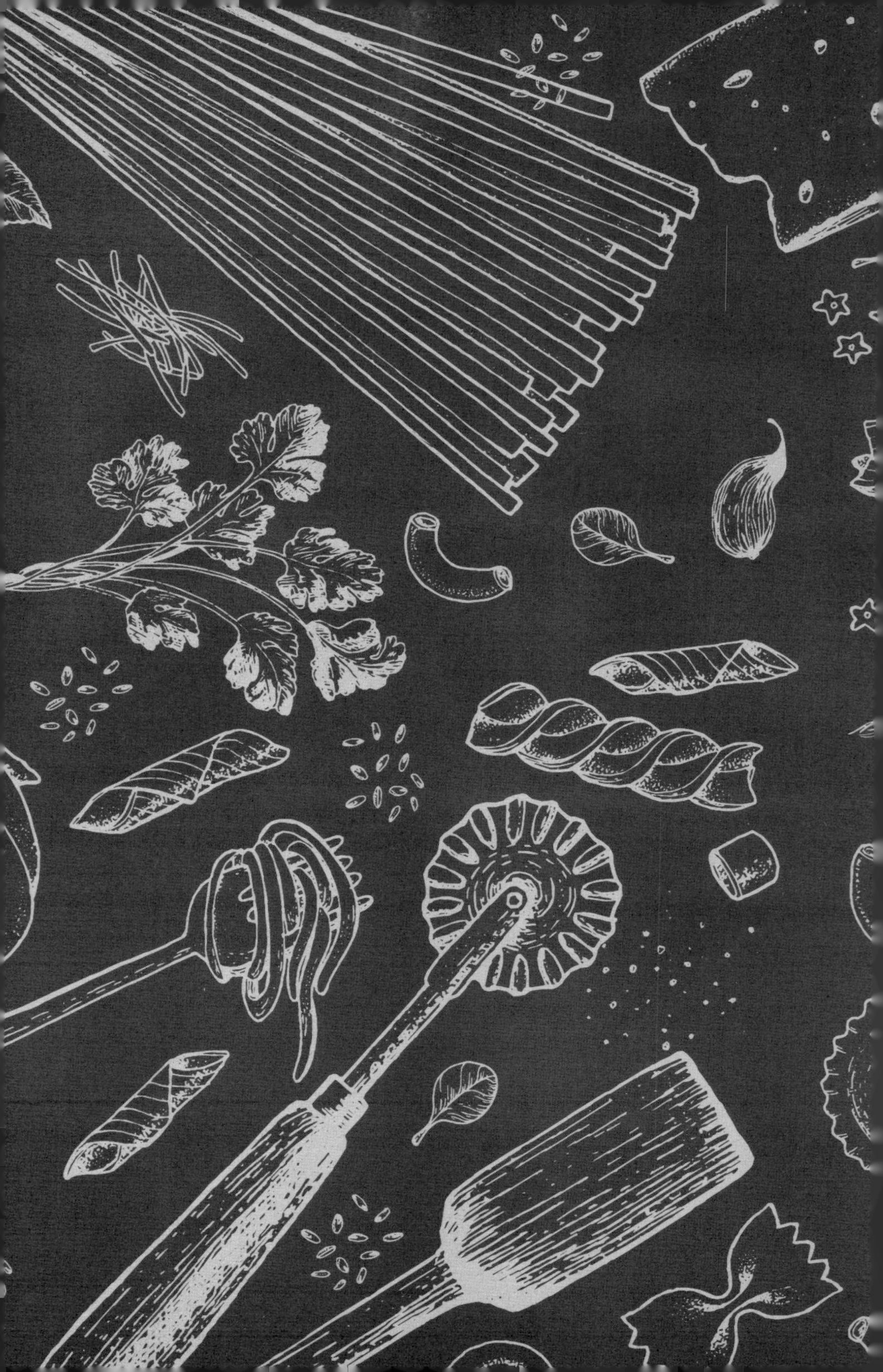

1 오픈을 기다리는 손님들

주위에 아무리 많은 가게가 들어와도 본점은 무너지지 않았다. 신랑과 남은 직원들과 최선을 다해 지켰다. 신랑과 같은 공간에 있다 보니 직원들이 힘들어하는 걸 느꼈다. 사공이 두 명이니 어디를 따라야 할지 힘들어했다. 우리 둘의 의견이 서로 맞지 않았다. 그러다 보니 또다시 예전처럼 앞만 보고 달리는 마라토너처럼 다시 뛰고 싶어졌다.

9년 만에 본점 근처가 아닌 다른 동네로 가야겠다는 생각을 했다. 그동안 오픈한 가게는 본점 바로 앞과 본점 2층에 있었다. 일단 은행에 대출을 알아보고 남은 돈들을 점검했다. 은행에서 연락이 오자 바로 남편한테 다른 동네에 2호점을 오픈하겠다고 했다. 남동생의 도움으로 포항에서 가장 화젯거리인 동네에 2호점을 계약하게 되었는데 본점과 거리가 아주 먼 곳이었다.

본점을 떠나는 게 사실 두려웠다. 직원들 또한 두려워했다. 2호점은 위치도 아주 좋았고 공간이 넓어서 마음에 들었다. 미리 직원을 모두 준비해서 열었다. 바로 손님이 들어올 줄 알고 단단히 준비했지만 바람 빠진 풍선처럼 파리만 날렸다. 본점에서는 점장이 매일 전화가 와서 전쟁통이라고 너무 힘들다고 했다. 나의 자리가 빠지니 손발이 맞지 않고 힘들어 했다. 2호점 직원들은 할 일이 없어서 핸드폰만 만지고 있었다.

마음이 떨렸다. 잘못된 선택일까 봐 두려웠다. 한 직원이 인스타에 홍보를 해보자고 했다. 그래서 그날 홍보 글을 올렸다. 저녁에 뭔가 좀 바쁘기 시작했다. 역시 홍보를 하니 손님이 좀 들어오신다고 생각했다. 다음 날부터 2호점은 초 대박집이 되었다.

오픈 문을 열면 바로 자리가 차고 대기자가 가득했다. 가게 밖에는 의자를 만들었고 손님들은 가게 안에서 가득 서 계셨고, 밖에서도 앉거나 서서 기다리셨다.

기다리는 고객님들이 주방을 뚫어지게 쳐다보면 나의 온몸에는 땀이 줄줄 흘렀다. 빨리 만들어서 나를 앉게 해 달라는 무언의 압박을 느꼈다. 처음에는 직원이 4명이었는데 아르바이트 설거지 이모님을 두 명을 쓰고 직원들을 3명을 더 뽑아도 일손이 모자랐다. 다시 초대박 집이 되었다.

인생 처음으로 원형탈모도 경험하면서 최선을 다하니 두 가게 모두 성공적이었다. 거의 3개월 동안 지금의 2호점 점장과 나는 하루도 쉬지 않고 새벽에 나가서 밤늦게까지 일을 했다. 깡으로, 악바리로 견디면서 가게를 키웠다.

2호점은 한 달에 매출이 5천만 원까지 올라갔다. 2019년 8월에 열어서 계속 최고의 매출을 올렸다. 그해 크리스마스도 손발이 아주 바쁘게 보냈는데, 또 영원할 줄 알았던 달콤함은 너무 짧았다.

2

실패는 방법을 배우는 것이다

중국에서 이상한 병이 돈다는 뉴스가 나왔다. 중국 얘기라서 먼 이야기라고 여겼다. 2019년 8월 3일에 2호점을 오픈하고, 2019년 12월 16일 중국에서 코로나19가 시작되어 2020년 1월 20일 한국에도 전파되었다.

2호점을 연 지 불과 5개월이 안 되어서 코로나19 전염병이 돈 것이다. 대구의 신천지로 시작해서 포항으로 바로 확산되었다. 포항의 모든 가게가 무서워서 문을 닫고 사람들은 밖으로 나오지 않았다.

나의 가게는 최고의 매출을 찍었던 때라 '잠시만 버티면 되겠지' 하면서 버텼다. 모두 코로나를 처음 맞는 것이라 어찌할 줄 모르고 시간이 지나면 해결될 줄 알았다. 그런데 매출은 점점 줄어들고 이 많은 직원을 어떻게 해야 하고, 대비할지 가게를 10년 운영했는데도 알지 못했다.

코로나19는 강력했다. 그동안 장사를 하면서 여러 가지 일들을 겪어 봤지만 두렵고 답이 보이지 않은 건 처음이었다. 다행인지, 불행인지 직원들이 한 명씩 그만둔다는 말을 하기 시작했다. 예전 같으면 붙잡을 마음도 있었을 텐데 매출은 1/4로 떨어지고 살길이 막막해지니 감사하다는 마음도 들었다.

코로나19는 위대했다. 전 세계를 마비시켰다. 7개월 정도 지나자 사람들을 조금씩 나오기 시작했다. 포항에는 코로나 확진자가 전혀 나오지 않게 되자 마음이 정리가 되어갔고 직원들도 다시 예전처럼 일하기 시작했다.

마스크를 언제쯤 벗을 수 있을까? 희망 대신 길들여가고 있어서 일상이 되어버리니 조금씩 예전으로 돌아가기 시작했다. 그러다 보니 나의 마음속에 또다시 뭔가 꿈틀했다. 2020년 8월쯤 은행에 몇 번 왔다간 후에 3호점을 오픈했다.

2호점은 가게에서 일한 지 8년이 된 점장에게 일을 위임했다. 모든 것을 자기가 하는 것이 아니라 위임을 잘할 줄 아는 사람이 장사를 잘 하는 것이다. 그리고 사장은 다른 상황을 준비해야 한다.

8년 전에 망한 것은 완전히 잊어버리고 또 자신감을 얻게 되었다. 가게를 6개 이상 열다 보니 시스템도 생기고 가게를 개점하는 시간이 더 빨라졌다. 점점 만들다 보니 동선도 더 좋아졌고 시스템도 좋아졌다.

이상하게 여름만 되면 가게가 한 개씩 더 생겼다. 3호점은 오픈과 동시에 대박 가게가 되었다. 홍보도 전혀 없이 첫날부터 장사가 잘되었다. 50만 인구인 포항에서 3개를 직영으로 하니 소문이 많이 났다. 오픈해서 손발이 맞지 않아서 힘은 들었지만, 이 또한 시스템을 만드는 과정이었다. 딱 두 달이 지났는데 3호점 근처에 코로나 확진자가 나왔다.

가게가 다시 조용해졌다. 매도 여러 번 맞다 보니 방법을 찾게 되는 듯했다. 조급한 마음도 없이 여유롭게 커피를 마시면서 책을 읽었다. 직원들도 편하게 쉬라고 했다. 어차피 시간이 지나면 좋아지는 걸 알기에 마음을 내려놓고 책에 집중했다. 그러다 보니 다시 손님들은 오기 시작했다.

3 마린시티 도전하다

아는 사람을 만나기 위해서 우연히 부산에 가게 되었다. 부산 해운대 마린시티라는 곳을 처음으로 가게 되었다. 요트 경기장에 멋진 호텔, 아이파크, 제니스 아파트들이 아주 화려하게 만들어져 있었다. 포항에서 오래 살다 보니 거의 눈이 돌아갈 지경이었다.

당시 마음이 살랑살랑 흔들리기 시작할 때였다. '경주에 4호점을 만들어 볼까'라는 생각을 할 때였다. 해운대를 보고 있는데 모든 것이 좋아 보였다. 사람들도 모두 멋있어 보이고 마린시티 동네가 반짝반짝 빛이 났다. 우연히 경주에 가게를 만들 생각이 있다고 하니 지인분이 부산이 장사가 잘된다는 말씀을 하였다. 신기하게도 마침 가게 임대가 나와 있었다.

해운대에 나의 가게를 개점할 생각을 하니 심장이 뛰었다. 50만 인구인 포항을 떠나 330만 부산에서 가게를 할 생각을 하니 당장이라도 가게를 만들고 싶었다. 신랑을 설득하고 부산에 가서 함께 가게를 보았다. 역시나 해운대의 화려함에 신랑도 좋아했다.

다시 은행에 갔다. 워낙 돈을 많이 빌리다 보니 지점장과도 친했다. 이번에는 좀 크게 빌려달라고 했다. 부산에서 터지면 전국에 나간다고 큰 포부를 비추니 은행에서 나를 믿고 큰 액수의 돈을 빌려주기로 했다. 더 생각할 것도 없었다. 동생에게 말을 하니 큰 반대를 했으나 모든 걸 꺾고 나는 가게를 계약했다.

2021년 8월이었다. 참 신기하게도 8월만 되면 가게가 한 개씩 늘어났다. 3호점은 점장을 만들어서 위임했다. 이젠 아무도 나를 말릴 수가 없었다. 지금 생각해보니 부산이란 큰 도시에서 가게를 오픈하면 멋있어 보일 거란 생각이 많았던 것 같다. 일명 된장녀처럼 남에게 더 멋있어 보이길 원한 것 같다.

아이들과 떨어진다는 게 가장 힘들었지만 큰 꿈이 있었기에 부산으로 갔다. 포항에서 여직원 한 명과 함께 부산으로 갔다.

가게 개점을 위해 포항 직원들 2명을 더 데리고 갔다.

부산은 모든 것이 비쌌다. 가게 월세와 관리비, 원룸 비만 한 달에 600만 원이 나왔다. 아무것도 하지 않고 숨만 쉬면 600만 원이 나간다. 일주일에 한 번 포항을 왔다갔다하는 비용도 꽤 많이 들었다.

부산 가게 공사를 시작 하기 위해 갔는데 분명히 계약할 때는 없었는데 상가 2층에 거의 400평가량의 파스타 집이 생긴 것이다. 계약할 때는 그곳이 뭐냐고 물어보니 다들 모른다고 했다. 내가 제대로 알아보지 못한 것이다. 나는 그 상가 1층에 30평 정도 되는 작은 공간에서 파스타 집을 오픈하는데 2층은 400평가량의 초호화 실내장식에 해운대가 보였다. 내가 오픈하는 가게는 상가 1층 안쪽이었다. 그냥 볼품없는 가게로 보였다.

시장 조사를 했을 때 주위에 파스타 단가가 워낙에 높아서 나도 파스타 가격을 높였다. 하지만 2층 가게는 가격도 저렴했다. 나는 그동안 모든 가게를 초대박 집으로 만들었기에 반드시 될 거란 자신감이 있었다. 무모한 도전이 시작되었다. 오픈한 지 얼마 되지 않아서 가게는 웨이팅이 생기고 바쁘게 돌아갔다.

딱 두 달이 지나자 느낌이 이상했다. 손님이 서서히 떨어지는 게 몸으로 느껴졌다. 2층은 항상 손님이 넘쳐났다. 음식 맛은 당연히 우리가 높았지만 모든 것으로 보았을 땐 2층을 선택하게 되었다.

은행에서 1억 5천만 원을 대출받았다. 있는 돈을 모두 넣어서 만들었는데 2개월 만에 이상한 기운이 느껴졌다. 두 달 만에 잘못됨을 감지하고 신랑에게 상의하고 가게를 내놓았다. 권리금 8000만 원에 가게로 내놨다. 일주일 만에 6000만 원 권리금을 줄 테니 계약을 하자고 했다.

너무 빨리 계약이 되니 뭔가 얼떨떨했다. 신랑에게 물어보니 빨리 가게가 나가는 것 같으니 권리금을 조금만 더 받아보자고 했다. 내 생각도 마찬가지였다. '한 달만 지나면 가게가 정리되겠지'라고 믿고 있었다. 그런데 한 달이 지나고, 두 달이 지나고, 석 달이 지나도 부동산에서는 연락이 없었다. 손님은 서서히 더 줄고 월세 내는 날은 자주 돌아왔다.

아이들이 엄마와 떨어져 지내니 힘이 들까 봐 매일 걱정을 했다. 하지만 그 반대였다. 내가 너무도 힘들었고 내가 더 아이들과 신랑이 보고 싶었다. 장사를 그만두려고 마음을 먹으니 더더욱 포항이 그리웠다. 서울에서도 생기지 않았던 향수병이 생겼다. 부산에서 포항까지는 겨우 1시간 40분 거리인데도 너무 그립고 외로웠다.

토요일, 일이 끝나면 포항으로 퇴근했다. 일주일 동안 토요일이 되기만을 기다렸다. 토요일 밤에는 가족들이 똘똘 뭉쳐서 행복한 밤을 보냈다. 일요일 밤만 되면 마음이 무거웠다. 어린 딸도 힘들어하지만 내가 가장 힘들었던 것 같다. 하지만 누구에게도 말을 할 수가 없었다. 이 모든 건 나의 결정이었고 내가 책임을 져야 했다. 월요일 새벽에 일어나서 준비하고 딸을 태우고 유치원에 데려다주고 눈물을 머금고 다시 부산으로 갔다.

서울에서는 큰아들을 두고 포항까지 내려오더니 이젠 포항에 가족 모두를 두고 부산까지 내려왔다. 난 도대체 왜 이러는 걸까? 왜 이렇게 무모한 도전을 하는 걸까? 마음이 아팠지만, 또다시 부산으로 차를 몰고 달렸다.

하루하루가 고통이었다. 가게는 나가지 않고, 손님은 오지 않고 인건비에 월세는 계속 나가야 했다. 함께 지내는 직원은 손님이 없으면 조기 퇴근을 했다. 낮에는 그나마 손님이 조금 있어서 일을 해주고 2시쯤 알아서 퇴근했다. 고맙기도 하고 정말 미안하기도 하고 자존심도 상했다. 텅 빈 가게에 혼자 덩그러니 남겨지면 정말 비참했다.

그러다가 가끔 손님이 몰려오면 혼자서 주문을 받고 피자, 스테이크, 초밥에 파스타, 리조토, 샐러드를 모두 만들어서 서빙을 했다. 심지어 배달에 포장까지 들어오면 혼자서 모든 걸 해냈다. 손님에게는 아주 상냥하게 웃었지만, 마음과 몸은 바빴다. 직원과 일을 하면 힘들지 않지만, 혼자서 해 내다보니 힘들고 지쳤다. 손님이 다 나가시면 다시 텅 빈 가게에 주저앉아서 멍해졌다.

내가 지금 여기서 뭘 하는 걸까? 남들이 볼 땐 가게가 4개나 되니 엄청 대단하다고 하는데 현실은 혼자서 바둥바둥하는 약한 인간이었다. 솔직히 내 마음은 당장 여기를 떠나고 싶고 쉬고 싶었다. 너무 힘들고 지쳤다. 아무리 발버둥을 쳐도 벗어날 수가 없었다. 그래서 마음을 단단히 바꾸고 그냥 즐기기로 했다. 어차피 시간이 지나야 해결이 될 일이라고 믿었다.

4 권리금 더 받고 싶어서

새벽마다 일찍 일어나서 해운대 일출을 보러 나갔다. 해운대에서 바라본 일출은 너무도 강렬하고 멋있었다. 떠오르는 태양을 보며 간절히 기도하면서 나의 잘못된 행동들을 뒤돌아보게 되었다. 일출을 보면서 바닷가에서 명상도 자주 했다. 17년 만에 달리기를 시작한 것도 해운대 바다였다.

복잡하고 힘이 들어서 돌파구를 찾다 보니 새벽 기상, 일출 보기, 달리기, 명상, 백번 쓰기, 긍정 확언, 부동산 강의에 몰두하면서 하루하루를 보냈다.

부산 집에는 가진 것이 없었다. 옷은 유니폼 한 벌, 잠옷 한 벌이 전부였다. 집에는 티브이도 나오지 않았고 가진 것은 책과 노트북이었다. 무소유가 얼마나 사람을 편하게 하는지 알게 되었다.

포항에 돌아와서도 입지 않은 옷을 정리하니, 마음의 정리도 되었다. 명상을 통해 편안한 마음을 가지듯 주위를 정리하는 것이 얼마나 중요한지를 알게 되었다. 지금도 머리가 복잡하면 일단 청소부터 한다. 머리가 복잡할 때는 생각에 집중하지 말고 일단 청소부터 하길 바란다. 머리도, 마음도, 주위도 깨끗해지는 걸 느끼게 될 것이다.

부산에서 벗어나려고 해도 안 된다는 걸 알게 된 후에 가게에서도 책만 읽었다. 1번 테이블은 나만의 책상을 만들었다. 책을 높이 쌓아두고 책을 읽고 자기계발 관련 유튜브를 보고 강의에 집중했다. 그러다 보니 600만 원짜리 나만의 독서실이 되었다. 저녁에는 혼자서 텅 빈 가게에서 공부만 했다. 책에 집중하고 좋은 생각에 집중했다.

하지만 600만 원짜리 독서실에서 아무리 참으려고 해도 외로움은 견딜 수가 없었다. 상가에서는 저녁에 사람을 구경하는 것조차 힘들었다. 코로나가 심해지면서 사람들은 더더욱 밖을 나오지 않았다.

12월 부산 겨울은 바람이 참 많이 불었다. 혼자 있는 가게에 지나가는 사람도 없어서 무서웠다. 사실은 외로움이 더 무서웠다. 송곳으로 심장을 파는 외로움에 아프다는 말을 할 사람도 없었다. 혼자서 배가 고프면 편의점에서 간단한 음식을 사서 먹었다. 배가 고파도 혼자서 먹는 밥은 목이 메서 먹기가 힘들었다.

'내가 여기 왜 있는 걸까? 뭐가 잘못된 걸까?' 다른 사람을 원망하고 나를 원망하고 세상을 원망했다. 모든 것은 내가 내린 결정이지만 인정하고 싶지 않아서 속상했다.

혼자서 가게를 마감하면 무서워서 꼭 라디오를 들었다. 라디오가 나의 친구였다. 가게는 온통 하얀색이라서 혼자 정신병동에 있는 착각도 느꼈다. 라디오가 나를 위로해주었다.

아이들에게 전화하고 싶지만 할 수가 없었다. 더 무너질 것을 알기에 보고 싶어도 참았다. 아들이 5살 때 서울에서 '엄마가 보고 싶어도 참나무가 말한 참아라'를 생각하면서 나에게 "참아라"를 외쳤다.

퇴근하고 집에 들어가면 직원이 자고 있었다. 불이 꺼진 집에 들어갈 때 기분은 지금도 잊을 수가 없다. 어둠을 깨기 위해 불을 켜면 직원이 일어났다. 직원이 "오늘은 어땠어요?"라고 하면 나는 "없었어!" 라고 항상 똑같은 얘기를 했다. 희망이 없었다. 직원도 포항에 가고 싶었지만, 본인마저 없으면 안 될 거 같아서 끝까지 함께 해주었다. 만약 직원마저 포항으로 갔으면 아마 나는 나쁜 선택을 했을지도 모른다. 끝까지 함께 해준 직원에게 항상 감사하다. 밤늦게라도 직원과 말을 할 수 있는 것에 감사했다.

그해 겨울은 유달라도 춥고 길게 느껴졌다. 어느 날 부동산에서 찾아 왔다. 누군가 가게를 계약하려고 한다고 했다. 금방이라도 눈물을 쏟을 것 같았다. '이제 드디어 해방이구나!' 권리금은 8000만 원에서 3000만 원으로 내려갔다. 너무 화가 났지만, 이번마저 놓칠까 봐 두려웠기에 계약을 하겠다고 했다. 내 마음을 읽은 부동산 소장님이 500만 원만 더 깎아달라고 했다. 나는 지칠 대로 지친 상태라서 더 버틸 힘이 없었다. 권리금 8000만 원에서 2500만 원이 된 것이다.

가게에 있는 모든 것을 빼달라고 해서 중고 매장 사장님을 불렀다. 오픈한 지 9개월밖에 안 되어서 아직은 모든 게 깨끗했다. 하지만 중고 사장님은 홀 주방 모두 해서 150만 원을 준다고 했다. 홀에 있는 테이블에 의자 한 개만 8만 원이고 주방 냉장고가 400만 원이 넘는 게 3대가 있었고 나머지도 모두 깨끗했는데 150만 원이라니 더 충격이었다. 더 실랑이도 하기 싫었다. 지칠 때로 지쳐서 모든 걸 포기 했다.

5 지나고 보면 보이는 것들

2시쯤 되었을 때 직원에게 말했다. "너무 답답한데 우리 가게 문 닫고 밖으로 나갈까?" 나의 마음을 읽은 직원이 당장 나가자고 했다. 기장으로 차를 타고 달렸다. 3월 초라서 조금 쌀쌀했지만, 마음만은 따뜻했다. 이제 끝났다는 생각에 마음이 홀가분했다.

기장에 있는 해녀 촌이란 곳에서 맛있는 해산물을 먹으니 기분이 좋아졌다. 드디어 긴 터널을 빠져나오는 순간이었다. 빛이 보이지 않은 터널이었는데 드디어 빛이 보였다.

맛있는 해산물을 먹고 기분 좋게 용궁사 절로 향했다. 아무 말 없이 절을 했다. 감사함에 절을 했다. 나의 잘못을 깨달음에 절을 했고 나를 기다려준 가족들에게 감사함에 절을 했다.

끝까지 함께 해준 직원에게 감사하며 절을 했다. 기분이 한결 좋아졌다.

갑자기 전화 한 통이 왔다. 중고가게인데 견적을 보고 싶다고 했다. 이미 팔렸다고 다른 곳에 넘기기로 했다고 하니 견적만 받아보라고 한다. 더 설명하기가 힘들어서 원격으로 문을 열어줬다. 용궁사에서 절을 하고 나오는데 기분이 너무 좋았다. 마음이 편해지고 그동안의 외로움이 눈 녹듯이 녹았다.

절을 하고 나오는데 전화가 왔다. 좀 전에 중고 사장님이셨는데 집기들이 모두 상태가 좋다고 400만 원을 주겠다고 했다. 절을 하고 나오니 좋은 일이 생겼다.

부산 가게를 정리하면서 포항에 필요한 물건들을 차에 실었다. 하루에 부산에서 포항까지 왕복 260km를 3번 왔다갔다 했다. 3일 만에 2000km를 달렸다. 용달차를 부르면 한 번에 일이 끝난다는 것을 뒤늦게 알게 되었다. 부산에서 쓰던 정수기를 포항으로 가져가야 했다. 정수기 물을 다 뺀 후에 직원과 함께 차에 실었다. 대용량 정수기라서 꽤 무거웠다.

차에 겨우 넣었는데 정수기에 있던 남은 물이 차에 콸콸 쏟아졌다. 정수기가 커서 문도 닫히지 않았다. 이미 차는 물바다가 되었고 정수기를 겨우 다시 빼는데 차 문에 부딪혀서 정수기가 부러졌다. 정리만 되면 모두가 끝나는지 알았는데 마지막까지 좌절을 주었다.

예전부터 직원에게 가게가 정리되면 직원 고향인 여수로 놀러 가자고 했다. 포항에서 여수까지는 왕복 8시간이 걸렸고 600km였다. 하지만 여수로 가는 순간은 힘들지 않았다. 9개월 동안 함께해 준 친동생 같은 직원 화영이에게 정말 감사를 전한다.

여수 여행은 정말 최고였다. 여수가 고향인 직원은 좋은 곳만 나를 데리고 다녔다. 여수 밤바다는 나를 편안하게 대해 주었다. 환상이었다. 버스커 버스커의 '여수 밤바다'를 들으면서 바라본 여수바다는 평생 잊을 수가 없다. 직원의 어머님을 뵙고 맛있는 밥도 먹고 온종일 좋은 곳을 구경했다. 9개월의 힘듦이 눈 녹듯이 녹아버렸다.

다시 돌아온 나의 고향 포항… 이곳이 이리도 멋진 곳인 줄 몰랐다. 늘 있던 공간들의 감사함을 다시 돌아와서 알게 되었다. 있음에 감사해야 하는데 너무 어리석었다.

오늘도 난 신랑에게 말했다. "이 세상에서 나는 포항이 가장 좋아. 평생 포항에서 살 거야." 지금 돌아온 지 1년이 지나가는데도 부산에서의 외로움이 자주 생각난다. 우리 가게에 베트남 직원들이 있는데 그 친구들이 얼마나 힘들지 예전에는 몰랐다. 그래서 지금은 더 잘해준다. 내가 느낀 고통보다 더 외로움이 심할 텐데 열심히 사는 베트남 직원들에게 항상 감사하다.

6

장사의 기본도 마인드가 우선이다

“돈보다 우선 손님을 생각한다면 돈은 스스로 따라올 것이다.”

부산 가게를 정리하고 또 가게를 만들기 위해 자리를 보고 있었다. 신랑이 처음으로 말렸다. 난 너무 실행력이 빨라서 빚만 남았다. 이번에는 신랑 말을 듣고 신중하게 생각했다.

스마트 스토어가 뭔지도 모른 상태에서 수업을 듣고 있었다. 코로나로 한참 밀키트가 많이 나오고 있었다. 예전부터 파스타를 밀키트로 만들고 싶었다. 홈쇼핑에서 파스타가 팔려나가는 걸 상상하곤 했다. 강사님의 도움으로 밀키트를 만들게 되었다. 너무도 막연했지만, 메뉴 사진을 찍고 상세페이지를 만들기 위해 촬영대본을 잡고 설득 프로세스를 만들어서 하나씩 잡아가니 상세페이지가 만들어졌다.

파스타 소스는 여러 시행착오 끝에 테스트 후 모두 만들었다. 온라인에서 판매되는 모든 종류의 밀키트 파스타를 주문해서 먹어 보았고 테스트를 했다. 그래서 나만의 밀키트를 만들게 되었다. 온라인 밀키트 이름은 내 이름을 따서 '무라 파스타'라고 지었다. 내 이름을 걸고 만든 파스타 밀키트이다. 만든 지 얼마 되지 않아서 켈리 최 회장님 유튜브에도 나오게 되어서 많은 홍보가 되었다.

가끔 혼자서 밀키트를 만들 때 부산 생각이 많이 난다. 부산에서 혼자 일할 때는 무섭고 비참했었다. 포항 내 고향에서 혼자 일을 해도 전혀 외롭지가 않다. 1층에는 홈파스타가 있고 앞 건물에는 동생 가게가 있다.

자주 직원들이 2층인 무라 파스타 공장으로 올라와서 필요한 걸 가지고 간다. 외롭거나 쓸쓸하지 않고 항상 희망과 꿈이 충만하다. 오프라인 매장들과 온라인 매장을 함께 하다 보니 육수 회전도 아주 좋다. 매일 연구해서 새로운 메뉴도 개발하고 온라인 마케팅과 오프라인 마케팅도 연구한다.

작년 말에 밀키트 공장을 제조업으로 만들었고 즉석 판매 제조 가공업에서 간편 조리 세트를 만들었다. 제조업이란 영업 허가증을 만들면서 스스로 칭찬도 했다. 장사할 때는 닥치는 대로 일만 하면 되었다. 온라인판매를 시작하면서 배워야 할 것이 더 많았다.

우선 나는 컴맹이다. 컴맹인 나에게는 모든 것이 너무 낯설고 힘든 일이었다. 매해 비전 보드에 노트북 사진이 있었다. 그만큼 컴퓨터를 배우고 싶었던 갈망이 있었다. 온라인판매를 하다 보니 컴퓨터를 모르는 나는 너무도 불편했다.

50살이 다 되어서 컴퓨터학원을 갔다. 나는 "아무것도 못 합니다. 하지만 저는 해야 합니다. 도와주세요" 라고 하면서 열심히 컴퓨터학원에 다녔다. 가게 주문이 처음 들어왔을 때 송장을 빼는 방법도 몰라서 노트북을 매고 여기저기 돌아다니면서 엑셀 작업을 위해 제발 도와달라고 했다. 내가 무엇을 모르는지 질문도 할 수가 없어서 그게 더 힘들었다. 모르는 것을 물어보는 것은 쑥스럽거나 자존심이 상하지도 않았다. 몰라도 그냥 들어가서 도와달라고, 알려달라고 했다.

컴퓨터학원을 매일 다니면서 조금씩 실력이 늘었다. 점점 질문도 할 줄 알게 되었다. 자판도 칠 줄 몰랐던 내가 컴퓨터 학원에 다닌 지 3개월 만에 책도 쓰고 있다. 나에게 너무나 힘든 작업이다. 책을 쓰기 위해 공책에 글을 쓰고 이후에 글들을 자판을 쳐서 옮긴다. 아날로그 시절 사람이라 그런지, 글을 종이에 쓰는 것이 아주 좋다. 컴퓨터를 몰라도, 자판을 칠지 몰라도 괜찮다.

난 모든 것을 해낼 것이다. 잠을 자지 않고 계속 글을 쓰고 노트북에 글을 옮긴다. 데드라인을 정했기 때문에 쓸 수 있는 것이다.

2023년이 나는 너무도 기대된다. 책을 쓰기 위해 매일 밤을 꼬박 새우고, 유튜브를 만들려고 매주 수업을 듣는다. 챗GPT를 이용하는 비디오스튜나 브루를 이용해서 영상을 만들고 미리 캠버스를 이용해서 섬네일을 만들고 DID로 나만의 아바타를 만드는 공부를 한다.

매주 목요일 인스타 1만 목표를 위해서 강의를 듣고, 클래스유에서 사업 관련 수업을 듣고, 미래를 위해 영어 과외를 계속 받고 있다. 이 모든 것들은 내 인생에서 처음 하는 행동이다. 세상이 변하니 나도 변해야 한다.

나는 꿈이 아주 크다. 사업의 성공을 위해서 시스템을 만들고 있고, 소스 유통을 위한 시스템도 구축 중이다. 온라인의 세상에서 일어날 일들이 많이 기대된다.

인건비가 올라가고, 월세가 높아지고, 물건값이 올라가는 이 시국에는 키오스크를 이용하는 방법도 좋은 생각이다. 주방에 인력을 구하는 것이 몹시 어려운 시대에 나는 주방에서 편리하게 음식이 나오는 방법을 계속 개발 중이다. 맛의 변화는 전혀 없고 맥도날드처럼 누가 만들어도 똑같은 맛을 낼 수 있는 방법을 시도하고 있다. 장사를 오래 하다 보니 시스템이 얼마나 중요한지 알게 되었다.

포항에서는 50만 명 대상으로 장사를 했지만, 지금은 5,000만 명 대상으로 장사를 하기 위해 계속 연구하고 노력 중이다. 가맹점도 남들이 하는 것처럼 하지 않고 함께 서로 도움이 되는 시스템으로 할 것이다. 본점만 성공하는 것이 아니라 함께 성장하는 가게를 만들 것이다.

장사는 마인드가 가장 중요하다. 돈을 좇기 보다는 우선 손님을 가족처럼 생각해야 한다. 그러면 돈은 스스로 따라올 것이다. 부동산을 처음 시작해도 마인드 공부부터 배우듯이 장사의 기본도 마인드가 우선이다. 챗GPT가 모든 것을 알려준다고 하지만 인간의 진실한 감정은 따라올 수가 없다. 장사의 가장 중심은 진실로 고객을 응대하는 것이다.

6장

장사를 쉽게 하는 노하우

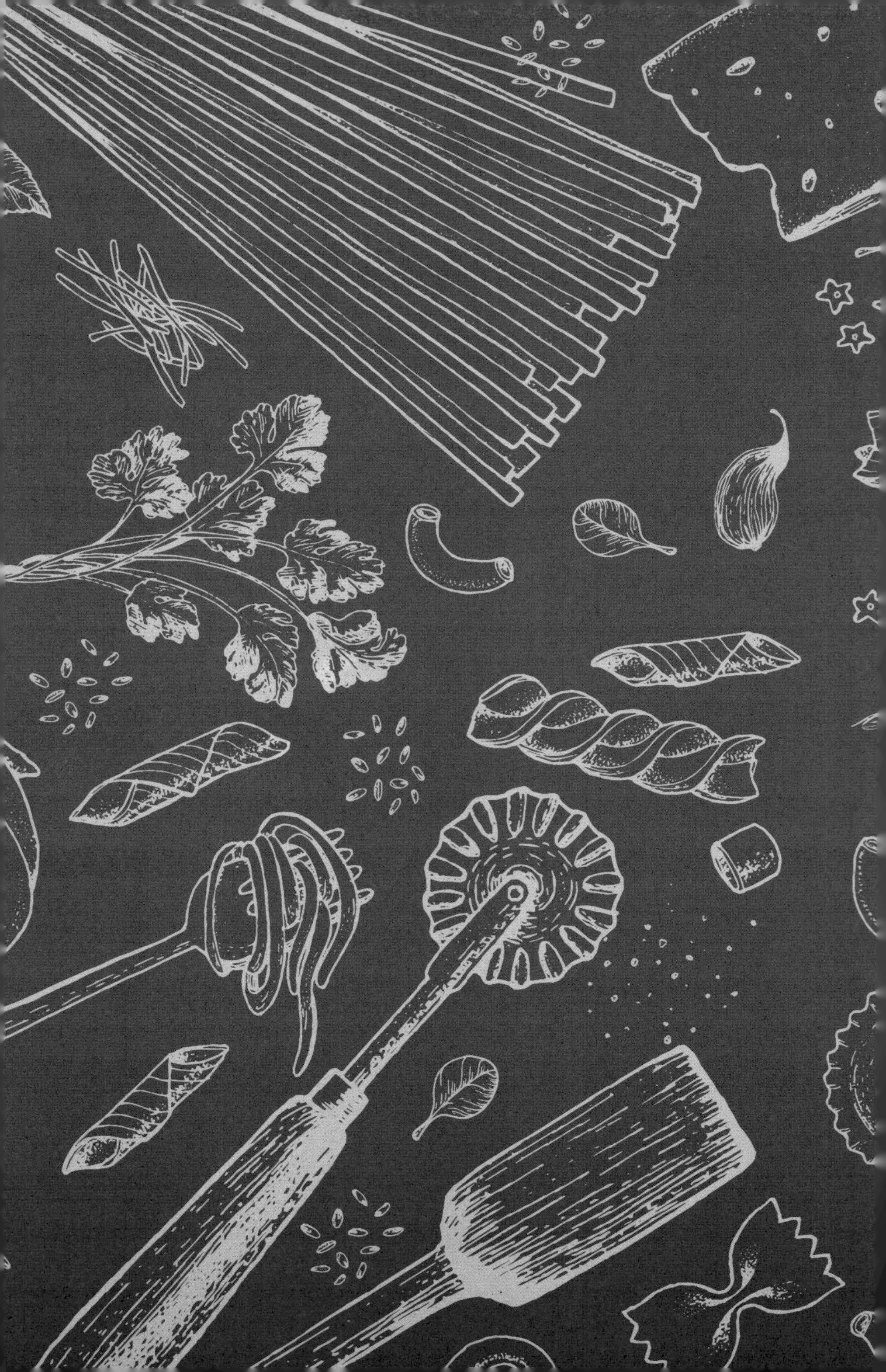

1 성공은 실패에서 배운다

성공은 실패 속에서 가능성을 찾을 때 발견 할 수 있다. 기회는 위기에서 찾을 수 있기 때문이다. 실패를 두려워하지 않고 위험에 맞설 때 성공으로 가는 길이 보인다. 실패가 두려워서 가만히 있다면 성공의 맛도 느낄 수가 없다.

예를 들어 운동도 내 한계를 뛰어넘은 무게를 쳤을 때 짜릿한 성취감을 느끼는 것처럼 죽을힘을 다해서 성과를 이루었을 때 내가 무언가를 해냈다는 성취감을 느끼게 된다.

오늘보다 더 나은 내일을 위해 성장하려면 도전의 정신으로 무조건 앞으로 나아가야 한다. 그래서 나는 48세인 지금도 아직 젊다고 생각하고 늘 도전한다. 바디프로필, 마라톤, 외식사업도 도전하면서 배운 것이다.

이것은 성공한 사람들의 이야기를 들으며 나도 따라 한 것이다. 맥도널드를 세계적 체인으로 일군 레이 크록의 나이는 53세였다. 현재 맥도널드 점포는 전 세계에 약 3만 개, 하루 방문객은 5,000만 명이라고 한다. 레이 크록은 "문제는 기회로 변할 수 있습니다"라는 명언을 남겼다.

KFC 창시자 커넬 할랜드 센더스의 당시 나이는 68세였다. 그는 이런 말을 했다.

"세상에는 멋진 생각을 하는 사람들은 무수히 많습니다. 그러나 행동으로 옮긴는 사람은 드뭅니다. 저는 남들이 포기할 만한 일을 포기하지 않았습니다. 포기하는 대신 무언가 해 내려고 했습니다."

그는 무려 3년 동안 1008번의 실패를 하게 되었다. 하지만 포기하지 않고 계속 기술을 팔려고 전국을 돌아다니다가 68세, 1009번의 도전 끝에 한 레스토랑과 계약을 하게 되었다. 지금 누구나 아는 KFC이다.

포기하고 싶은 순간이 온다면 1000번 해보자는 마음으로 도전해보자. 오늘이 가장 젊은 날이라고 하지 않던가. 지금이 가장 빠른 나이다. 늦은 건 없다. 당장 멋진 생각을 행동으로 옮기면 된다. 지름길을 원래 보이지 않아도 내가 발을 내딛는 순간 길은 만들어진다. 모든 길은 스스로 한 걸음씩 만들어가는 것이다.

하나씩 이루는 습관이 된다면 잠재의식 또한 내가 할 수 있는 방법을 계속 알려준다.

나는 실패 속에서 성공할 수 있는 방법을 찾았고 월 1억 매출을 달성하게 된 것이다. 사업을 시작한다면 도움이 되는 방법을 몇가지 알려주겠다.

첫 번째, 할 수 있다는 마인드가 가장 중요하다.

사업이나 부동산, 주식, 운동, 공부 등 모두가 마인드에서 시작된다. '내가 이것을 할 수 있다'라는 강력한 믿음이 신념이 되어 행동으로 옮기게 해준다. 믿고 끝까지 포기하지 않으면 반드시 목표를 이룰 수 있다.

사업을 시작하기 전에 준비를 많이 해야 한다. 대충 조금 안다고 시작해서는 안 된다. 보통 사람들이 "할 거 없는데 분식

집이나 해 볼까"라고 하는데, 분식집은 정말 어렵다. 쉽게 생각하고 뛰어 들어갔다가는 평생 모은 소중한 돈이 사라진다.

예를 들어서 떡볶이집을 하고 싶다면 일단 떡볶이 가게에 취직을 해야 한다. 대략 6개월 정도 일을 잘 배워야 한다. 홀 서빙부터 주방의 돌아가는 시스템이나, 식재료 주문하는 방법과 손님을 응대하는 방법까지 모두 배우고, 일하는 동안에는 실제 사장의 마인드로 일을 해야 한다.

여기서는 '알바니까 대충해야지'라는 생각은 절대로 해서는 안 된다. 나의 위치가 어디든지 주인의 마인드가 되어야 한다. 나의 가게가 아니라고 함부로 버리거나 손님들을 막 대해서는 안 된다. 주인 마인드가 되어야지만 내 가게를 했을 때 유지할 수 있다.

예전에 호텔에서 근무할 때 자주 이직하는 사람에게, 왜 그렇게 자주 이직을 하느냐고 물어보니 "내 장사를 하면 제대로 할 거예요"라고 했다.

결국, 호텔도 오래 다니지 못했다. 설거지를 하든지, 화장실 청소를 하든지, 어떤 일을 하는 가는 중요하지 않다. 무슨 일을 하든지 주인의 마인드를 가져야 한다. 그러면 반드시 성공을 한다.

두 번째, 닮고 싶은 곳을 찾아라.

내가 생각한 동네가 있으면 주위 모든 스파게티집에 먹으러 다니며 배워야 한다. 식당은 처음 들어 갔을 때부터 메뉴와 주방까지 다 보이기 때문에 나의 가게에 적용할 수 있는 것을 보고 배우려는 자세가 필요하다.

가게에 들어갔을 때 테이블의 상태나 홀, 주방 직원들의 유니폼, 서빙을 모두 관찰해야 한다. 모든 식당은 반드시 배울 점이 있다. 꼼꼼하게 메모해서 반드시 내 것으로 만들어야 한다. 나중에 장사하면서 알아가기에는 너무 늦다. 고객들은 사장보다 더 많이 안다. 사장은 시간이 많지 않아서 새로 생긴 곳을 자주 다니지 못한다.

가게의 첫인상은 나를 반겨주는 곳인지, 아니면 손님이 들어와도 직원들이 바빠서 인사를 소홀히 하는지, 문을 열고 들어가는 순간 결정이 된다. 분위기가 좋은 곳은 왜 그런지 메모해서 꼭 따라 하고, 반대로 불친절한 곳은 타산지석으로 삼아 주의해야 한다.

세 번째, 음식 간은 최대한으로 한다.

음식점은 음식만 맛있으면 안 된다. 음식 맛은 가장 기본이다. 사장이 먹었을 때 가장 맛있어야 하고, 고개가 살짝 돌아가면 레시피를 다시 변경해야 한다. 성격이 완전히 다른 3명에게 똑같은 음식을 제공해서 정확한 피드백을 받아야 한다. 싱거운지, 짠지 사람마다 다를 수 있다. 모든 사람의 말을 들을 수 없고 정확한 기준을 잡아야 한다.

내가 13년 동안 운영하는 1호점은 간이 딱 맞게 나간다. 2호점은 아파트 단지가 많은 곳이라서 어머님들이 많이 오신다. 그러다 보니 간이 세다고 컴플레인이 있었다. 심지어는 “사장, 나와”라고 하면서 고래고래 소리를 지르기도 했다.

그래서 모든 간을 약하게 만들게 되었다. 문제는 1호점에서 드시던 고객님이 오시면 간이 약하다면서 실망을 하신다. 백종원 선생님은 간은 맥스로 해야 가장 맛있다고 한다. 간이 그만큼 중요하다. 백종원의 책 중에 무조건 성공하는 작은 식당 중에 손님의 말을 듣고 간을 싱겁게 해서는 안 된다는 말이 있다. 원래 있던 레시피로 끝까지 끌고 나가야지 기존의 고객을 놓치지 않는다고 한다.

4년째 2호점을 운영하다 보니 또 그곳만의 레시피가 생겨서 손님들이 좋아하신다. 1호점을 좋아하시는 고객은 계속 1호점으로, 2호점을 좋아하시는 고객은 2호점으로 가신다.

참고로 레시피는 일정한 맛을 유지하기 위함이다.

음식의 레시피는 누가 만들어도 일정한 맛이 유지되어야 한다. 앞에서도 누누이 말을 했지만 누구나 만들 수 있게 정형화되어야 한다. 며느리도 모르는 레시피는 이젠 알맞지 않다. 예를 들어서 할머니만 레시피를 아는데 갑작스러운 일로 일을 못 하게 되면 가게는 더 이상 운영할 수가 없다. 잘 되는 가게를 하루아침에 잃게 되는 것이다.

모두가 알고 있어야 가게가 안정되고, 돌아가면서 쉴 수도 있게 된다. 레시피를 공유할수 있게 하고 똑같은 맛이 나오게 연습을 해야 한다. 그렇게 되면 사장도 쉬는 날이 일정하게 생긴다.

사장이 빠진 자리가 문제가 없도록 시스템을 만들어야 한다. 자주 오시는 단골은 직원들에게 반드시 소개를 한다. 만약 단골손님이 왔는데 사장이 자리에 없으면 섭섭해한다. 그러면 홀 직원이 단골손님을 더 많이 챙겨 드리고 서비스를 잘해 드려야 한다. 그러면 단골은 그 직원의 팬이 된다. 이것이 위임이다. 주방의 레시피를 공유하고 고객 관리를 공유하고 시스템을 만들기 시작하면 위임이 가능해진다. 사장이 자리에 없어도 변함없는 가게를 만들어야 한다.

2 가게의 위치가 중요하다

여러 군데 체인점을 내게 되면서 배운 것이 있는데 장소를 선택할 때 꼭 유념해야 한다.

음식의 레시피가 정확히 만들어졌으면 가게를 어디에서 구할지 연구해야 한다. 번화한 곳으로 들어갈지, 아파트 동네로 들어갈지 결정해야 한다. 가게를 오픈할 때 최대 얼마까지 쓸 수 있을지 정하고, 만약 1억이라고 생각을 한다면...

첫 번째, 보증금이 얼마인지 조사한다. 보증금은 나중에 돌려받을 수 있지만, 장사를 하면서 보증금 돌려받을 생각을 해서는 안 된다. 10년, 20년 뒤에 퇴직금으로 돌려받을 생각으로 시작해야 한다.

두 번째 권리금을 알아 본다. 번화한 곳은 보증금도 세고 권리금고 높다. 코로나로 한동안은 권리금이 없는 곳이 많았지만, 코로나 종식이란 말이 나오는 지금 상황에서는 권리금도 올라가고 있다. 내가 팔 때는 권리금이 적게 느껴지고 내가 살 때는 권리금이 많게 느껴진다. 자신만 있다면 권리금이나 보증금이 좀 약한 곳을 선택해서 가게의 가치를 높여서 권리금이 많아지게 해야 한다.

세 번째는 월세다. 가장 중요한 부분이라고 생각한다. 매달 숨만 쉬어도 나가는 것이 월세와 인건비다. 내가 부산에서 장사할 때 매달 9백만 원이(인건비 포함) 나간 것을 생각하면 지금도 아찔하다. 하루 매출이 최소 월세 정도는 당연히 나와야 한다.

한 테이블에 고객 단가가 얼마인지 계산을 해보고 점심 장사에 2~3번 회전을 하고, 저녁 장사에 2번 정도 회전이 된다고 예상을 하고, 대략 하루 매출을 계산한다.

최소한 하루 매출이 월세는 되어야 한다. 단가가 높으면 월세가 좀 높은 곳을 선택해도 좋지만 단가가 낮으면 월세를 깊이 고민해 봐야 한다. 중심 거리는 500만 원 이상이고 골목을 살짝만 들어가도 몇백만 원이 떨어진다. 월세를 꼼꼼히 따져 보자.

네 번째는 보증금, 권리금, 월세가 모두 결정이 되었다면 인테리어가 남았다. 이 또한 가장 중요한 부분이다. 요즘 손님들은 맛은 당연히 기본이고 SNS에 올리기 위해 식당과 카페를 찾는 경우가 많다. 인테리어가 좋아야 하고 사진을 찍을 수 있는 포인트를 만들어야 한다.

가게에 손님이 오면 꼭 그 자리에서 사진을 찍어서 SNS에 올리게 하자. 처음에는 가족끼리나 직원들, 주변 지인에게 사진을 부탁해서 올린다. 해시테크를 달아서 알리기 시작한다. 사진이 올라오기 시작하면 고객들은 꼭 그 자리에서 사진을 찍고 싶어 한다.

포항에 '오도'라는 아주 작은 마을이 있다. 그곳은 바닷가인데 주위에 식당이나 카페가 없었다(포항은 워낙 바다가 많은 곳이다). 아주 평범한 작은 마을에 '오도리 오도시'라는 작은 카페가 생겼다.

안에는 좀 작고 평범한 커피숍인데 창을 꼭 액자처럼 만들어서 바다가 보이게 사진을 찍을 수 있는 공간을 만들었다. 그 공간 하나에 그 집은 대박집이 되었고 오도가 유명해지게 되었다. 지금은 그 주위에 대형 커피숍이 우후죽순 생기게 되면서 카페의 명소가 되었다. 기장에서만 볼 수 있는 카페거리가 오도에서 볼 수 있게 되었다.

나의 큰 형부 고향이고 어릴 때부터 다닌 곳이라서 변화의 과정에 입이 벌어졌다. 그 작은 아이디어 하나로 카페거리가 된 것이다. 경험은 가게의 스토리가 된다.

3 가게를 홍보해주는 것은 사장이 아니라 손님이다

손님이 즐겁게 먹고 간 장소의 사진과 이야기가 자동으로 소문나게 해야 한다. 가게에서 사진을 찍을 수 있는 포인트를 만들어서, 사진을 올리면 혜택을 주어야 한다. SNS에 올리면 음료수 이벤트를 진행하여 소문을 낸 적도 있다.

오픈 초에는 많이 더 퍼 주고 소문을 낼 수 있는 방법을 많이 만들어야 한다. 인스타와 블로그에 올라간 글과 사진은 다음 고객을 유치하는 데 큰 도움이 된다. 서비스를 주면 남는 게 없다고 생각하지 말고 계속 서비스에 집중해야 한다. 처음에 입소문이 가장 중요하기 때문이다.

야박하다는 소문은 금방 퍼진다. 혹여나 그러다 나중에 서비스를 안 주면 손님이 싫어하지 않을까 걱정을 할 수도 있다.

이 또한 손님과 사장의 관계가 잘 만들어지면 전혀 문제가 되지 않는다.

사장은 항상 손님을 기억하는 마음으로 한 분 한 분을 모두 팬으로 만들어야 한다. 내가 먼저 아는 척을 하고 지난번에 무엇을 드셨는지를 기억해서 “지난번에 드신 거를 주문 넣어 드릴까요?”라고 하면 고객은 감동을 한다.

장사가 너무 잘 되기 시작하면 역으로 손님이 먼저 사장에게 인사를 한다. 나도 처음에는 테이블을 돌아다니면서 인사를 드리고 불편한 게 있는지 계속 체크하고 손님이 원하시는 걸 미리 알고 챙겨 드리면서 대화를 나누었다. 내가 바빠지면서 할 수가 없게 되자 고객님이 나를 찾아와서 인사를 하고 “잘 먹었어”라고 하신다. 그러면 먼저 인사를 못 드려서 죄송하다고 하면 “아니야, 바쁘니깐 너무 보기가 좋아. 또 올게”라고 해 주신다.

지금도 13년 동안 한결같이 내가 있으나 없으나 단골손님들은 늘 오신다. 그렇게 사장의 팬을 만들어 가야 한다. 그 한 분이 앞으로 70명의 잠재고객을 모시고 온다. 한 분께 잘못하면 70명 이상의 고객이 사라진다. 사소한 컴플레인이더라도 무조건 잘못했다고 말씀드리고 돈을 받지 말고 다시 만들어 드려야 한다. 사람은 공짜를 받으면 절대 어디 가서 나쁜 말을 하지 않는다. 그러니 아깝다는 생각보다는 더 많은 고객이 들어오는 상상을 해야 한다.

그리고 참고로 직원을 구하고 한꺼번에 많은 업무를 알려주면 안 된다. 일주일 동안은 아주 편하게 대해 주어야 한다. 처음부터 많은 업무를 주면 감당을 못하고 그만두는 직원들이 정말 많다.

어느 대표님은 처음 들어오는 직원에게 먼저 언제 그만둘 거냐고 물어본다. 직원이 황당해하겠지만 서로 미리 알게 되면 편해진다. 나도 보통 면접을 볼 때 어느 정도 일을 할 거냐고 물어본다.

하루에 한 개씩 업무를 알려 주다 보면 한 달이면 20개 이상의 업무를 소화 할 수 있다. 처음부터 일을 잘해도 많은 업무를 맡기면 안 된다. 스스로 분위기를 보고 판단할 수 있게 만들어야 한다. 그래야 더 빨리 이해하고 성장한다.

사장과 잘 맞는 직원을 뽑는 노하우가 있다. 직원마다 성향이 다르므로 MBTI를 물어보는 것이 좋다. 예전에는 혈액형을 물어보았지만, 요즘은 MBTI가 정확하다. 미리 직원의 성향을 파악하는 것이 중요하기 때문이다.

성격이 E면 대체로 외향적이고 I이면 내성적이다. 또한, 감성적인지, 이성적인지, 계획적인지, 실행적인지 알 수 있다. 조금만 공부를 하면 MBTI를 알 수 있으므로 체크해 보아야 한다. 그러면 사장이 직원의 성향을 미리 알고 맞추어 주면 직원도 아주 만족해한다.

4 가게 문은 1년에 두 번만 닫는다

인건비가 점점 올라가는 요즘 상황에서는 가내수공업처럼 가족의 힘이 중요하다. 가게는 일단 문을 닫으면 안 된다. 명절 이외에는 무조건 문을 열어야 한다. 사장이 일이 있어서 하루만 쉬어도 손님들에게 맨날 가게 문을 닫냐는 소리가 나온다. 예전 초창기에 신랑과 단둘이 일할 때 경조사가 있어서 하루 문을 닫았는데 몇 달 동안 손님들에게 한 소리를 들었다.

우리 가게를 선택하기까지 고객은 많은 생각을 한 뒤에 결정을 한다. 그런데 가게가 문이 닫혀 있으면 뭔가 배신감이 느껴진다. 고객의 마음도 충분히 이해가 된다.

처음에 가게를 오픈하면 1년은 절대로 문을 닫으면 안 된다. 나는 가게를 오픈하고 명절 당일 오전만 문을 닫았다. 명절 당일 차례만 지내고 가게 문을 바로 연다. 그러면 손님들이 뒤따라서 들어온다. 감사해하고 손님을 맞이한다. 쉬는 것을 우선 생각하지 말고 일에만 집중해야 한다.

가수 비, 정지훈이 "오른손 잡이가 왼손으로 식사를 하고 싶다면 연습을 해야 한다. 피나는 연습을 해야만 자연스럽게 왼손으로 수저를 잡고 식사를 할 수 있다"라고 했다.

쉬지 않고 피나는 노력을 하게 되면 반드시 가게는 자리를 잡는다. 쉽게 생각하고 장사를 시작하면 안 된다. '장사만 하면 쉽게 돈을 벌 수 있겠지'라고 생각하지 말자. 피나는 노력을 하면 가게는 자리를 잡고 그러다 보면 돈도 따라서 오게 된다. 돈은 잡으려 하면 잡히지 않는다. 돈도 편안한 마음을 유지하는 주인을 찾아간다. 나를 편하게 대해 주는 주인을 찾아가고 싶어 한다.

한가할 때는 청소에 집중하고 바쁠 때는 감사의 마음으로 손님께 최선을 다하자.

5 추억이 있는 가게를 만들자

음식 장사는 추억을 파는 것이다. 내가 운영하는 가게에는 알록달록한 포스트잇이 잔뜩 붙어 있었다. 손님들이 적고 싶은 내용을 적어서 흔적을 남기는 가게가 된 것이다.

두 번째 리모델링을 할 때는 독서를 하는 가게로 만들었다. 책장을 파티션처럼 만들어서 가볍게 볼 수 있는 만화책을 약 500권 정도 두었다. 손님들이 식사가 나오기 전에 만화책을 즐겨 보았다. 그리고 리모델링을 할 때는 책을 모두 없앴다. 이젠 모든 사람이 식사가 나오기 전까지 핸드폰을 본다.

나는 여기저기 기부를 많이 한다. 그래서 한쪽 벽에 기부증서를 모두 붙여 두었다. 따뜻한 가게의 메시지를 전하고 싶었기 때문이다. 여기서 식사를 하면 식사비의 일부가 기부금에 들어가는 걸 느끼게 하고 싶었다. 책에서 기부하는 문화까지 우리 동네에 함께 할 수 있는 문화공간이 되었다.

단골을 만드는 쿠폰을 만들자.

커피숍에 가면 쿠폰을 많이 준다. 식당도 쿠폰을 만들어서 드린다. 9회 방문을 하면 10회에는 무료 식사권을 사용할 수 있게 한다. 예를 들어 식사비가 5만 원 이상이면 쿠폰 도장를 두 번 찍어 드리는 것도 좋다. 쿠폰의 모양은 일반적인 것 보다는 버리지 않게 디자인을 예쁘게 해야 한다. 미리 캔버스를 이용할 수도 있고 가까운 대형 문구점에서 디자인을 해준다.

쿠폰을 10회 사용 후에는 수거하는데, 다음 쿠폰은 다른 모양을 드려야 한다. 만약 기존에 쓰던 똑같은 쿠폰을 드리면 10회 방문한 고객을 알아보지 못한다. 다른 쿠폰을 드리면 새로운 알바생이 오더라도 "앗, 정말 단골손님이시네요. 제가 온지 얼마 되지 않아서 몰랐습니다. 다음에 오시면 제가 꼭 잘 해드리겠습니다"라고 말을 하면 고객님은 나갈 때 으쓱해진다. 함께 온 손님도 "우와, 너 이 가게 엄청 단골이구나"라고 하게 된다.

처음 손님이 가게에 들어왔을 때 가장 반갑게 인사를 해야 한다. 우리 집에 할머니가 오시면 뛰어나가서 인사를 하듯이 손님이 들어오면 오랜만에 오시는 할머니를 대하듯이 반겨 드려야 한다. 손님은 자기를 반갑게 맞이하는 식당을 좋아하게 된다.

들어갔는데 바빠서 손님이 왔는지조차 모르면 그 손님은 마음이 우선 좋지 않다. 우리 가게도 초반에 바빠서 손님이 들어오신 걸 못 볼 때가 많았다. 그래서 가게 입구에 손님이 들어오면 "딩동"하는 진동벨을 설치했다. 누군가 들어오면 주방에서 딩동 소리가 들려서 바로 뛰어나가 인사를 드린다.

처음 들어왔을 때 이미지가 가장 중요하다. 우리도 소개팅할 때 첫 이미지가 중요하듯이 고객도 가게의 첫 이미지가 오랫동안 기억된다.

라디오에서 들었는데, 어느 뮤지컬 배우가 뮤지컬을 매번 하면 조금씩 지쳐서 소홀해질 때가 생기는데 교수님의 말씀을 평생 기억하면서 공연을 한다고 한다. 교수님은 " 너는 똑같은 걸 매번 하지만 보러오는 관객은 그 공연이 처음이다. 그래서 너는 늘 한결같이 최고의 공연을 해야 한다"라고 하셨다.

가게 오시는 고객님도 처음 오시는 고객이 많다. 늘 한결같이 초심을 잃지 말아야 한다. 화장실 들어가는 입구도 조금만 생각을 바꾸면 특별한 공간이 된다. 남자, 여자 화장실 입구에 멋진 문구를 적을 수도 있고 특별한 사진을 붙여도 좋다. 화장실 가기 전에 피식 한 번 웃게만 되어도 좋은 이미지를 갖게 된다.

손님이 결국에는 월세도 내주고 인건비, 물건 값, 전기세... 우리 가족의 생계도 챙겨 주는 것이다. 이렇게 소중하고 감사한 고객에게 최선을 다해 음식을 만들어 드리자.

우리가 할 수 있는 서비스를 다 해 드리면 또 다른 고객을 모시고 온다. 그러면 반드시 우리 소상공인들은 성공할 수 있다. 모두 함께 웃는 사장이 되었으면 좋겠다.

****

어느 부부가 보육원에서 한 아이를 입양했다. 걷는 것이 서툴러서 병원에 갔는데 의사는 장애가 있는 아이이고 걸을 수 없다고 진단했다. 가슴으로 낳은 엄마, 아빠는 아이에게 "넌 할 수 있다. 넌 걸을 수 있다"고 계속 말을 했다. 아이의 깊은 잠재의식에 신념처럼 심어 주었다. 수천 번 넘어지고 넘어지면 일으키고, 부모는 아이에게 "넌 할 수 있다"고 큰 소리로 말을 했다.

두 다리에 의족을 낀 상태에서 그 아이는 마라톤 20km를 달리고 산 정상에 올라가게 되었다. 아이는 "혼자 뛰어가면 일등을 할 수 있는데 함께 가면 모두 일등을 할 수 있다"라고 했다.

나는 모든 사람과 함께 가고 싶다. 나 혼자 가는 세상이 아니라 함께 가는 세상을 만들고 싶다. 혹여 이 글을 읽다가 장사에 관해 궁금하거나 물어보고 싶은 게 있으면 언제든지 연락을 주시기 바란다. 내가 알고 있는 모든 것을 나눠 드릴 것이다.

온라인, 오프라인에서 모두의 손을 잡고 정상으로 가고 싶다. 나는 살면서 받은 것이 많았기에 나눔과 공헌은 나의 핵심 가치 중 하나이다.

20살에 호텔에 취직하고 28년 동안 요리사의 길을 걷고 있다. 태어나면서부터 아빠가 죽으라고 했으나 지금까지 살아있고 세 번의 암이 재발했지만, 지금까지 살아왔고 술독에 빠져서 지냈지만, 지금은 다 극복하고 어느 정도 성공한 삶을 살고 있다.

실리콘밸리에서 최고로 성공한 대한민국 여성 기업가 김태연 회장님이 말씀하셨다.

"She can do, he can do, why not me?"**(그녀도 할 수 있고, 그도 할 수 있는데, 왜 나라고 못 하겠는가).**

우리 모두 할 수 있다. 이 책을 읽는 당신도 반드시 할 수 있다. 우리 모두 큰 목표를 정하고 데드라인을 정해서 함께 손을 잡고 달려보자.

나이가 24시간이라면, 50대가 되어야 정오가 된다. 지금 당신이 40대라면 아직 12시가 되려면 멀었다. 12시가 지나도 상관이 없다. 이제 정오가 되었다. 우리의 오후는 아주 밝고 따뜻해지실 것이다.

우리 함께 멋진 오후를 맞이하자.

초판 1 쇄 _ **2023년 6월 23일**
지 은 이 _ 박물아
펴 낸 이 _ 김현태
디 자 인 _ 디자이너 장창호
펴 낸 곳 _ 따스한 이야기
등 록 _ No. 305-2011-000035
전 화 _ 070-8699-8765
팩 스 _ 02- 6020-8765
이 메 일 _ jhyuntae512@hanmail.net

따스한 이야기 페이스북, 인스타그램
https://www.facebook.com/touchingstorypublisher
https://www.instagram.com/touchingstory512

따스한 이야기는 출판을 원하는 분들의 좋은 원고를
기다리고 있습니다.

가격 14,000원